本书编写委员会

主　编　余　飞

副主编　王昕明　许建华　季　勇

编　委　肖海兵　单　蕾　冯桂梅　王小兵

前 言

2014年6月底，改革开放以来的第三次全国职业教育工作会议召开，国家主席习近平作出重要指示："职业教育是广大青年打开通往成功成才大门的重要途径，必须高度重视、加快发展。"之前，国务院印发了《关于加快发展现代职业教育的决定》。国家高度重视现代职业教育发展的程度不言而喻。作为职教人，有义务遵循党的领导，努力发展职教事业。而这一切的主体，就是我们的职校生。根据国家统计局发布的数据显示，2014年在校中职学生达1960万人。

回忆以往，职校生是被人忽略冷落的弱势群体。他们被看作是学习差的学生、纪律差的学生，甚至被认为是道德品质差的学生。这种歧视也使得一些职校生自暴自弃，破罐子破摔。诚然，对于十六七岁正处在青春期的职校生，与接受知识、技能培训相比，或许更需要的是接受心理健康教育。

随着当今社会传播媒体的空前发展，青少年以敏感的心灵感受着时代的变化，他们见多识广，早熟、早知、思维活跃。可稍有不慎，青少年就很容易走上犯罪道路。可见，加强职校生青春期健康教育迫在眉睫。古人有云："经师易得，人师难求"。教育工作者不仅要传道、授业、解惑，更要关注学生的心理世界。哪个人没有青春，又有多少人能把握好青春？也曾经历过青春年华的我们，有幸陪着一批又一批的孩子走过他们的青春。还等什么？在这职教的春天，让我们帮助这些孩子健康成长吧。

本书遴选了一些案例和测试题，并进行了一些说明，希望能够为教育工作者和广大职校生提供有益的帮助。

由于编者水平有限，书中难免存在不足之处，敬请广大读者批评指正。

编者

2014年7月

目　录

绪 论

生命的孕育和诞生，使种族得以繁衍，社会得以发展。本章将讲述“我从哪里来”？去认识“十月怀胎，一朝分娩”的生命历程，理解生命孕育的艰辛和骄傲，从内心深深感激父母的养育之恩，学会做合格而称职的父母，履行生育的社会责任。

生命的孕育是如此的精密而奇妙，男性的精子和女性的卵子在一个非常适宜的时机相遇，形成受精卵分裂、着床，在女性的宫腔内历时280天发育成熟，经过分娩的阵痛，一个新生命走进五彩缤纷的大千世界。

一、生命的孕育

1．来自父亲的生殖细胞——精子

精子由睾丸产生，在附睾内发育、成熟，储存于附睾和输精管的近附睾段内。精子由头部、体部、尾部三段组成，其头部含有来自父亲的遗传信息——染色体，体部储存有许多能量，用于摆动尾巴以便在女性生殖管道中前进。精子进入女性生殖道内后可存活48小时。

2．来自母亲的生殖细胞——卵子

卵子由卵巢产生，刚出生的女婴，两侧卵巢中有15万～50万个未成熟的卵子。但一生中仅有300～400个卵母细胞成熟并排出，其余的卵泡发育到一定程度后自行退化。女性在月经周期准确的情况下，通常每月在上次月经出血后的第14～15天排出一个成熟的卵子。排卵与年龄、营养健康、精神状态及外界环境变化有关。卵子排出后在体内能存活16～24小时。

3．新生命的开始

（1）受精

正值女性排卵期的无保护性交极易导致怀孕。男性一次射精有2～4亿精子进入

女性的生殖道内，其中绝大部分滞留在阴道，少部分死于宫腔或宫颈内，最终能到达与卵子“幽会地”—— 输卵管壶腹部的精子仅剩几十条至200条。

最终，仅有一个最优秀的家伙钻进卵细胞，并与之紧紧拥抱，24小时内它们的核相互融合，形成了一个新的细胞，即“孕卵”或“受精卵”，这个过程称为受精。

受精卵的发育受基因的控制，它们携带有父母的遗传信息，把容貌、生理、性格、体质，甚至某种遗传疾病传给下一代。于是就出现了孩子特别像父亲或母亲，甚至可能患某种家族遗传疾病。

（2）分裂

受精后的卵细胞开始了生命的旅程，受精卵一边沿输卵管向宫腔方向运行，一边分裂成多个细胞。约4天后到达宫腔，并发育成中空的细胞球，其间充满了液体，称为桑葚胚或早期囊胚，在以后的几天里他漂浮在宫腔内。

（3）着床

在6～7天后，早期囊胚将自己植入了又厚又软、营养丰富的子宫内膜并在那“安家落户”，这一过程称为着床。

二、新生命的诞生

在受精卵形成的那一瞬间，就决定了新的生命性别，并开始了生命旅程。“十月怀胎，一朝分娩”说的是受精卵分裂、分化、发育、成熟到胎儿降生的过程，历时265～280天。

1．胎儿成长三步曲

胎儿从最初的一个细胞团发育成熟成为一个人，大致分为孕早期、孕中期、孕晚期三个阶段。

（1）孕早期（0～15周）

孕早期是胎儿器官分化形成的关键时期。此期要注意预防弓形体、风疹、乙肝、流感等病毒感染。另外，还要远离农药、高温、噪声、电磁辐射等有害作业环境，并且要注意平衡膳食。若不慎生病，一定要及时就医，主动向医生说明自己怀孕，千万不可擅自用药，许多的出生缺陷均在此期形成，因此要格外小心。

（2）孕中期（16～27周）

孕中期是胎儿各器官功能发育的重要时期。胎儿生长发育明显加快，骨骼开始骨化，大脑迅速发育，重量不断增加，胎儿体重增长加快。此期母体需保证蛋白质、脂肪、钙、铁等营养素的供给。

（3）孕晚期（28～40周）

孕晚期是胎儿大脑、内脏和神经机能不断成熟和完善的时期。这时胎儿的活动量越来越大，在母亲腹中“拳打脚踢”的次数明显增多。由于子宫底的升高，心脏会受到压迫，可使孕妇“动则气喘”。有时因胃、肠、膀胱受压，出现食欲减退、排尿次数增多等症状。此期孕妇应尽量保证充足的睡眠，在充分摄取多种营养素的前提下，适当控制饮食，限制盐的摄入，预防妊娠高血压综合征的发生。另外，尽量保持乐观愉快的心境，在心理、生理上为生产一个健康的宝宝做好最后的准备。

2．自然分娩三步曲

分娩是“瓜熟蒂落”的过程，是母婴共同“努力”相互“协调”的过程。正常情况下分娩按以下三个步骤进行。

（1）宫颈扩张期（第一产程）

从开始出现规律宫缩和腹痛（每次间歇5～6分钟）到子宫口开全，初产妇需12～16小时。此期要注意营养供给，不要过度紧张，抓紧在宫缩间歇休息，注意保存体力，在宝宝娩出的关键时候再用力。

（2）胎儿娩出期（第二产程）

从宫口开全到胎儿娩出。初产妇需1～2小时；经产妇通常数分钟即可完成，这时，产妇要在助产师的正确指导下屏气用力，协助胎头下降。并注意在宫缩间隙，放松呼吸抓紧时间休息。

（3）胎盘娩出期（第三产程）

从胎儿娩出到胎盘娩出。胎儿娩出后产妇常有一种轻松的感觉，当子宫经过短暂“歇息”后，再次宫缩，胎盘剥离后即可顺利娩出，此过程需5～15分钟，这时整个产程结束。

第一章

青春期生理

人的生长发育分期：新生儿期、幼年期、青春期（13～18岁）、性成熟期、更年期、老年期。

青春期是青少年发育成长的重要阶段，是由儿童到成人的过渡时期，通常称为青春期或青春发育期。在这个时期内，由于神经系统和内分泌的影响，人体的外部形态、身体机能、心理、智力、思想、感情、意志、行为等方面都比儿童时期有明显的发展（如身高）。全身各部分都发生巨大变化，整个肌体渐渐成熟。

认识我们的身体

1．男女青少年在身体发育上有什么差异

儿童时期的男孩和女孩，在身体发育上的各项指标，如身高、体重、胸围等差异并不大，可是成年之后，差别就显著了。这种差异就是在青春期突增过程中形成的。进入青春期的男女青少年，除因性别不同表现出的性征差异以外，身体的一般发育也有明显的不同。主要表现在以下几个方面：

（1）体格发育的差异

青春期以前，男孩和女孩身体发育的各形态，指标差别不大，多数指标男孩略大于女孩。女孩的快速增长期比男孩早1～2年，停止期也早1～2年，特别是第一次月经前后，生长的速度更快，在19～23岁就停止；男孩要长到23～26岁才基本停止。这就形成了发育均数的曲线上的两次交叉。第一次交叉是女孩生长超过男孩（在11～12岁），第二次交叉是男孩生长超过女孩（即在13岁以后）。青春期发育阶段，男、女各指标增长值不同，差异也逐渐加大。这种差异在18岁以后更加突出。例如，对我国18～26岁男、女进行了身高、体重、肩宽、四肢长等15项形态指标的测试表明，除极个别指标外，绝大多数指标都是男比女高。

男、女体格发育的特点：男子骨骼比女子骨骼重约20%，主要是四肢较长，肩宽、躯干较窄，骨密质层较厚，身体重量大，因此男子的承受力和耐久力都比女子强。女子肌肉要比男子肌肉轻约40%，其主要原因是女子肌肉中含水和脂肪多，含糖量少，下肢较短，躯干相对较长，骨盆宽大，所以重心偏低，肩窄，胸廓小，下肢较上肢发达。

（2）内脏器官的差异

① 运动系统方面，女子的肌肉不如男子发达，力量也较差，而女子的关节韧带

弹性好，所以柔韧性强。

② 心血管系统方面，女子心脏的体积、容量、重量和血液量占体重的百分比均比男子少，血压也低于男子，而心率较男子快。因此，心脏的功能较男子差。

③ 呼吸系统方面，女子肩带狭窄，胸廓、肩带和胸部肌肉发育较弱，胸围、肺活量均小于男子，呼吸频率较男子快，这些特点使女子的肺功能差，耐力差。

由以上身体发育的特点可以看出，男子的身材比较高大，肩宽背厚，肌肉坚实有力，腿长且细，心肺等内脏功能均较女子强。因此，他们更适合于参加运动量大的游戏，激烈的体育竞赛及行军、旅行等活动。而女子身材较矮，皮下脂肪厚，骨盆大，重心低，肌肉力量、内脏功能较差，但女子的柔韧性好，平稳能力强，所以女子适于参加艺术体操、技巧及保持身体平衡的活动。

2．认识男性生殖器官

男性生殖器官可分为内生殖器官和外生殖器官两部分。内生殖器官包括睾丸、附睾、输精管、前列腺、射精管、精囊腺和尿道球腺等。外生殖器官包括阴茎和阴囊。这些器官在青春期前，发育都很慢，青春期开始后即迅速发育，最后达到成人水平。

3．认识女性生殖器官

女性生殖器官分内生殖器官和外生殖器官两部分。内生殖器官位于盆腔内，包括卵巢、输卵管、子宫和阴道。外生殖器官是暴露在体外的部分，包括阴阜、大阴唇、小阴唇、阴蒂、阴道前庭、处女膜和前庭大腺。

男生的青春期生理变化与保健

男孩子在进入青春期以后，身体各部位都会发生变化。生理方面，如长痘、长胡须、骨骼变粗、声音变粗、性器官开始发育；心理方面，开始对异性产生好感，不再那么顺从家长和老师的意愿（心理叛逆）、好奇心加重、开始变得敏感多疑、情绪易波动、易患焦虑症，等等。

突然之间，有了如此大的改变，你要怎样接受？面对一个全新的自己，你又如何适应？不要紧张，这是所有的男孩成长为男人都要经历的。

一、青春期的生理变化

1．身体外形的变化

① 身高迅速增长。进入青春期的学生在生长发育方面首先发生的显著变化是身高增长迅速。青春初期正值身高生长的黄金阶段，应多做跑、跳、跃等运动。

② 体重明显增加。

③ 出现第二性征。人体的生殖器官由内生殖器官和外生殖器官两部分组成。体外能够看到的部分叫作外生殖器官，位于体内的部分叫作内生殖器官。生殖器官又叫作性器官。第一性征是指在胎儿出生时就已经呈现的生殖器官上的性别差异。第一性征又叫作主性征。

随着青春期性发育和性成熟，在身材、体态、相貌、声音等方面，表现出一系列与性别有关的外表特征，这就是第二性征。第二性征又叫副性征。男性第二性征发育，主要表现在毛发生长和喉结突起。

2．生殖器官趋于成熟

男性生殖器官的发育：睾丸发育最早。10岁以前，睾丸只是缓慢地生长，12～16岁迅速增大，同时分泌大量雄性激素促进阴茎等器官的发育和男子第二性征的显现。

睾丸开始发育1年后，阴茎开始发育，17～18岁时如成人状。

阴茎勃起，即阴茎变硬挺直，这也是性器官成熟的主要标志之一。阴茎勃起，多数是由于大脑的性中枢兴奋所引起，使身体其他部分的血液流向阴茎。

遗精是男孩性成熟的重要标志，进入青春期后的健康男孩多会发生。这是因为睾丸的发育生成精子，精子与前列腺、精囊、尿道球腺分泌的黏液混合而成精液，达到一定量就会以射精的方式排出体外。

男孩首次遗精的年龄平均在14岁。首次遗精后，隔10天或半个月会再次发生遗精，这是正常现象。

有些青少年遗精频繁，一两天、两三天即发生一次，其实不是遗精，是手淫，这种频繁的遗精现象，主要原因有：淫秽书刊、黄色录像的性刺激，或尿道、生殖器官炎症、内裤太紧等。手淫过度的主要表现为：记忆力减退、注意力不集中、理解力下降、意志消沉、失眠、头痛等症状。

错误想法：

① 不敢让人知道。出现遗精，羞涩、紧张、不安，好像做了见不得人的事。

② 担心身体得病。头晕目眩、腰酸背痛、精神萎靡，认为是遗精造成的身体不适。

③ 错误知识。认为精液是人身体之精华，民间有“十滴血一滴精”之说。认为遗精会耗损人的元气，使人体虚弱。

科学观点：

① 遗精是人在青春期生殖器官发育成熟后出现的一种正常生理现象。俗话说：“精满自溢”，精液不断产生，不断排泄，不会耗竭而影响健康。相反地，如果不排泄，会容易形成结石。

② 遗精标志着男子生殖功能的成熟，男孩逐渐变成男人。

③ 性梦、紧张、刺激等都会导致遗精。

【案例】

小刚是初中二年级的学生，有一天晚上他做了一个奇怪的梦：梦中有一个陌生的女孩子对他微笑，最后还亲吻了他。虽然是陌生人，但是小刚一点都没害怕，反而亲吻时觉得很舒服。清晨醒来的情景却让小刚紧张而又尴尬：内裤湿了一片，而且里面有些黏黏的果冻样的东西。他红着脸把这件事告诉了妈妈，妈妈笑了笑，只说这是正常现象，出现这种现象时不要喝冷水，也不要生吃水果，但是没有做具体的解释。小刚还是有些迷惑不解。

昨日的懵懂顽童经过青春的洗礼变成了今日的翩翩少年，这不能不说是一个欣喜的过程。然而，在这个过程中面对“性”这个敏感而神秘的字眼，作为青春少男既有几多惊喜和好奇，也会有几分不安与迷惘。

一般来说，男孩进入青春期的年龄要晚一些。男生进入青春期的时间一般为10～14岁不等，生长发育的顶峰期一般在16岁左右，到20岁基本结束。进入青春期，男生在身高和体重快速增长的同时，还会伴有第二性征的不断变化。受到性激素的调节，13～14岁开始在阴部出现直立的阴毛，此后会出现变声现象，声音会变

得低沉、苍老；卷曲的阴毛开始出现，喉结加速发展，腋毛生出，并不断增多。到16岁左右，会出现首次遗精又叫梦遗。小刚心中的不惑与疑问就是梦遗而引起的。

二、青春期保健

1．如何把握自尊的尺度

① 当你被否定时。这时，你进行辩解、反驳，甚至是争吵，倒不如接受这个事实，效果可能会更好一些。

② 当你受到冷遇时。这时你不妨多想一想你的使命、职责，为了完成任务，迅速加大自尊的承受力度。

③ 当你受到批评时。此时，对于批评要能够正确理解，应采取虚心的态度，这不但不会丢面子，反而会改变他人的看法，给对方留下一个好印象。脸皮不妨稍厚一点，这并不是不要尊严，而是要把握适当的度。

2．痤疮，俗称“青春痘”

青春痘一般不影响健康，通常也不需要治疗，20岁以后大部分自然缓解。被青春痘困扰的少男少女应注意以下几个方面。首先，要保持面部皮肤的清洁卫生，每天用中性的洗面奶洗两次脸。还要经常洗头发，洗澡。千万不要用手挤压患处，以防感染。其次，应少吃肥肉、糖和辛辣刺激性食物，多吃蔬菜、水果。同时，还要保持良好的情绪、充足的睡眠、合理的营养，这也是皮肤健美的重要因素。

3．声带保健

在青春期，男孩的声音出现显著变化，发音频率变低，嗓音变得粗而低沉，这种嗓音变化，就是人们通常所说的“变声”。变声是暂时的生理现象，一般需要半年至一年，过后嗓音就会逐渐趋向稳定与正常。

4．了解第二性征

青春期最突出的变化是第二性征的出现。从外貌外形上看，主要表现在面生胡须、喉结隆突、嗓音变粗、生长体毛等；从生理机能上看，表现为性功能开始启动，可出现勃起、遗精等现象，说明男孩发育已经走向成熟，具备了生育能力，成为真正的男子汉。性机能的启动引起了心理上的重大变化，出现了性意识，比如性梦以及对异性的向往，等等，这些都是正常的生理、心理现象。

5．青春期的卫生

男孩的外生殖器在青春期迅速发育，这个时期由于外界刺激等原因，小腺体会产生一些分泌物，容易引起炎症，特别是包皮过长的男孩，尤其要注意卫生，每天睡前要清洗外生殖器，毛巾、盆等要单独分开，平时内裤要全棉质地、宽松舒适。

在运动或与同伴打闹时，要避免自己的睾丸、阴茎遭受剧烈的撞击和踢打。正处于发育期的生殖器官还比较稚嫩，稍不注意，就会受伤。严重的伤势甚至会影响今后的生殖功能。

6．防止男孩子频繁遗精的主要措施

① 合理安排学习与生活，劳逸结合。

② 睡前不要过度兴奋，不要看有言情刺激的小说或影视节目。

③ 睡前可散步，或做些轻松的体操，争取很快入睡。

④ 内裤要宽松些，盖被不要过暖。

⑤ 睡觉姿势最好是侧卧，仰卧和俯卧都容易刺激外生殖器。

⑥ 在医生指导下进行冷水浴锻炼，不仅可逐步增强体质，而且对治疗频繁遗精有一定作用。

7．青春期男孩子的乳房增大不是病

有些男孩子在十几岁时会出现乳房增大的现象，这不是病，更不是什么“变性”。少男乳房增大是比较普遍的。

乳房增大的主要表现是乳头下有一个大小不等的硬块，小的如樱桃，大的约有半个核桃大小，乳房发胀，有时伴有轻度的挤压痛，一般维持一年左右即自行消退，少数人持续的时间长一些，但也会慢慢消退。

如果乳房增大特别明显，且持续不退，应请医生检查，找出原因，以便及时治疗。

女生的青春期生理变化与保健

一、青春期的生理变化

女孩在青春期生理的变化非常大，主要表现在下面三个方面：

① 身体外形的变化。主要是身高和体重的迅速增长，在进入青春期后可出现一个飞跃。身高增长最快的时期是青春早期，16岁以后速度就逐渐放慢。当然人与人也各不相同，有的先长，有的后长，有的高一点，有的矮一点。与身高增长的同时体重也相应增加，体重的变化表明了内脏器官体积的增大，肌肉发达及骨骼增长增粗。

② 身体机能上的健全：进入青春期后，体内各组织器官都迅速发育，功能增强，如心脑重量增加，功能已接近成人。因此思想活跃，对事物的反应能力提高。

③ 生殖器官发育和第二性征出现。随着卵巢的发育，性激素产生量增加，外生殖器逐渐出现阴毛，阴阜隆起，大阴唇变得肥厚，小阴唇色泽加深，阴道长度和宽度增加，子宫体增大，卵巢逐渐增大成熟并出现排卵。皮下脂肪增多，骨盆渐变宽大，呈现特有的女性体态。从十三四岁开始，女孩声音娇细，月经来潮，乳房增大显著，腋毛出现。月经来潮是进入青春期的重要标志。

【案例】

小娜今年13岁，是初中一年级的学生。有一天上音乐课，老师让同学到讲台上合唱。当回到座位的时候，小娜惊呆了：自己的座位上居然有血！裙子也被鲜血染红了一片，幸好裙子是红色的，看得不是很明显。此时的小娜紧张极了。还好，音乐老师是个女老师，再三思考之后，小娜鼓足勇气告诉了老师。在老师的帮助下，小娜才顺利解决了这个小麻烦。

小娜的问题其实就是“青春惹的祸”。俗话说，“女大十八变，越变越好看”，这或许是对青少年期女生一个美好的成长写照吧。进入青春期的少女，有一天会突然发现自己的身体变了，已经由一个丑小鸭变成了一只白天鹅：皮肤更细润了，身材更苗条了，声音更柔美了，有些变化还会让自己很难为情（胸部隆起了）。随着身体的不断发育和成熟，女生会在13 ~ 14岁的时候开始月经初潮，到17 ~ 18岁生理成长基本成熟。

二、青春期保健

1．月经的个人卫生

少女对首次阴道渗血往往会感到惊恐不安；当了解到是正常的月经初潮后，又可能对如何处理月经束手无策。因此，在少女初潮前有必要学习月经期的卫生知识。

我们的子宫分为三层，最外面的是浆膜层，中间是肌层，最里面的是黏膜层，即子宫内膜。子宫内膜每月剥脱一次，然后又重新长出新的内膜，剥脱的内膜及血液，从阴道排出的过程，就称为月经。在月经期，由于子宫内膜脱落，子宫内就形成了一个创面，如不注意卫生，细菌很容易经阴道上行侵入生殖器官，引发疾病。另外少女月经期，大脑兴奋性降低，全身抵抗力有所下降，机体容易疲劳，也容易受凉感冒或患其他病症。所以，少女在月经期应注意以下几方面保健。

① 保持外阴清洁，经常用干净的温水冲洗外阴，避免经血结痂。清洗外阴时，下身不要泡在水中。夏天洗澡不能用盆浴，以免脏水渗进阴道。更不能用擦脚布和洗脚水擦洗外阴。洗外阴的盆也要和洗脚盆分开。大小便后用手纸时要由前向后擦，这样可避免把肛门周围的细菌带到外阴处。

② 保持乐观和稳定的情绪。在月经期间，少女往往因身体的某些不适，如乳胀、腰酸、小腹坠胀、头痛而情绪烦躁，易怒或抑郁，情绪波动反过来又影响月经。保持心情舒畅，自我调节情绪，就可以减轻月经的不适感觉，也能防止月经失调。

③ 要参加适当的体育活动。运动可使大脑皮层的兴奋和按捺过程更加协调，使人精神兴奋，从而缓解经期容易出现的情绪波动及烦躁。另外，适当的体育活动还可增进体内的新陈代谢，减缓经期盆腔充血和下腹部坠胀。对于身体健康，月经正常的青少年，宜做些比较缓和、运动量不大的体育运动，如广播操、乒乓球、羽毛球等活动，但不宜时间太长。避免剧烈运动，如耐力练习、快速奔跑、跳跃等，尤其是游泳。如有月经过多、经痛、月经失调等症状，经期不要参加体育课。

④ 注意保暖。月经期身体抵抗力下降，盆腔充血，要注意保暖。避免淋雨、涉

水、游泳或用冷水洗澡、洗头、洗脚，最好也不要在太潮湿、太凉的地上久坐。夏天不要喝过多的冷饮，以免受寒、着凉，刺激盆腔血管收缩，导致月经减少或突然停经，引发其他疾病。

⑤ 注意饮食卫生，加强营养。月经期间，可吃些容易消化吸收的食品，如蛋类、瘦肉、豆制品、蔬菜、水果，同时还要多喝开水，增加排尿次数，冲洗尿道，以预防炎症。不吃生冷及辛辣、刺激性食物，保持大便通畅，减少盆腔充血。

⑥ 做好月经周期的记录。通过记录可观察自己的月经是否规律，也便于做好经前的准备。如果月经没按时来潮，应当去找医师就诊，以便及时发现原因。

青春期少女处于代谢旺盛阶段，汗腺和皮脂腺分泌多，以湿润周围皮肤。大小阴唇皱壁部位容易积存污垢，较胖的少女更是如此。此外，由于青春期卵巢功能活跃，阴道分泌液增多，加之外阴阴道离肛门或尿道很近，易受尿液和粪便污染。这些原因，都会造成少女外阴瘙痒，也可引起继发性感染和毛囊炎。长期的瘙痒刺激可能造成失眠、憔悴、焦虑和高度神经质。所以，会阴部的卫生十分重要。那么，如何保持会阴部的卫生呢？

① 每晚都要用温开水清洗外阴，一般不必用消毒剂，以免外阴、阴道受到不良刺激；

② 清洗外阴的盆、毛巾和水要单独使用，不能与洗脚的盆、毛巾和水混用；

③ 不要穿别人的内裤，自己的内裤要选用透气性好、吸湿性强的棉织品；

④ 养成大便用纸从前向后擦的习惯，预防肛门口的细菌进入阴道；

⑤ 注意经期卫生；

⑥ 若白带量多，又有异味或有血色时，要及时去医院检查治疗，以免引起阴道感染和外阴瘙痒。

⑦ 内裤及清洗外阴的盆和毛巾要经常放在太阳下晒晒。

2．嗓子的保护

中职生步入青春期后，出现一定时间的“变声期”，一般女孩从13～14岁开始。这时期特别要保护嗓子，以免声带在变化中留下不良痕迹。

① 不要大声叫喊。因为剧烈、紧张的叫喊会使声带被拉得过紧，引起喉头和声带发炎，导致嗓音嘶哑。

② 不要勉强使劲尖声唱歌。

③ 在唱歌、讲话后不要马上喝冷水、吃冷饮。因为喉部正处在组织充血、代谢旺盛的时候，如果突然给予冷的刺激，会损伤声带。

④ 少吃辛辣厚味的食品，饭菜不宜过热、过冷。

⑤ 不吸烟、不喝酒。因为香烟中的有害物质直接刺激呼吸道黏膜，使喉黏膜充血肥厚，声带黏膜干燥、粗拙，引起血管扩张。饮酒，尤其是烈性酒，对嗓子更是有害。

⑥ 女孩在月经期间，声带分泌物增多，或有充血水肿引起嗓音变化，这时特别要注意保护嗓子。切莫过度用声，造成声带疲劳，使黏膜下出血而致失音。

3．乳房卫生

乳房首要承担哺乳功效。女性于青春期前后开始发育。乳房位于胸前部、胸大肌和胸筋膜的表面。成年女性乳房呈半球形，紧致而富有弹性。乳房中央有乳头，其顶部有输乳孔管的开口。乳头周围色素较多的皮肤区称乳晕，表面有很多小隆起，其深部即乳晕腺，分泌出的脂状物可湿润乳头。乳晕和乳头的皮肤较单薄，容易损伤。隆起的乳房体现了女性成熟体形所特有的曲线美和健康美。为使乳房更好地发育，女孩应该掌握一定的自我保护技能。乳房的自我保健主要包括以下几方面：

（1）乳房的发育存在着个体差异

① 乳房发育有早晚，大部分女孩早点或迟点并不意味着不正常。发育开始的早晚除与营养因素有关外，还与遗传因素有一定的关系。

② 乳房发育不仅开始的年龄不同，速率也不同。

③ 发育开始的早晚与发育速率的快慢没有关系。一些发育晚的女孩，有的发育慢，有的却很快。

④ 发育开始的早晚与乳房的大小无关。

⑤ 有一些女孩，她们的两个乳房发育速率不一样。但绝大多数女孩发育成熟时，两侧乳房的大小基本上是一致的。

（2）忌束胸

如果女孩把胸部束得牢牢的，就会影响肋骨、胸骨和膈肌的运动和正常的呼吸以及胸部发育，使胸廓狭小，肺活量降低，还会影响乳房发育和将来的奶水排出，甚至引起乳房良性浅表血栓性静脉炎。

（3）忌过早用胸罩

女孩在乳房没有发育成熟之前，不宜戴胸罩，否则会影响乳腺的正常发育和日后的哺乳功效。

（4）忌不实时施用胸罩

女孩乳房发育成熟后，应实时施用胸罩。乳房由乳腺管、乳腺泡和脂肪组成，没有肌肉组织，支撑它们的是结缔组织，这种结缔组织像一张绷紧的纤维网，起支撑作用弱，没有弹性。如果不实时施用胸罩，乳房就容易下垂，尤其是喜欢运动的女孩，过度蔓延开的乳房就不能恢复到原来的形状，使乳房变型。所以要实时佩戴胸罩。要选择大小适中的优质棉布胸罩，同时要勤换洗，保持清洁卫生。

（5）全面营养

要保证营养全面，以维持身体正常发育和乳房发育的需要。

（6）加强体育锻炼

时常做健美操或跳健美舞，可充分展现青春少女朝气蓬勃、健康向上的自然美。

（7）乳房自检

乳房自检的最佳时间是月经期刚过。自检即察看和触摸。触摸时注意乳房、胸壁和腋窝有无肿块或增厚。可预防乳房肿瘤。

4．青春痘

在青少年中有60%左右会发生青春痘，有的人要到30岁以后才会消失。青春痘并不影响康健，只是一个人在发育过程出现的一种征象。如果青春痘长得太密并已发炎，就要进行治疗。到现在为止，虽未有方法可以防止青春痘的发生，但是，一旦出现青春痘，只要适当注意或尽早治疗，仍可控制病情发展。出现青春痘时万万不可挤、抓、捏患处，以免细菌侵入而引起发炎，造成不良后果。那么，女孩平时怎样才能预防或减少青春痘的发生呢？

① 多吃清淡食品，少吃油腻和甜食。葱、蒜、辣椒、咖啡等有刺激性作用的食品尽量少吃。多吃一些富含纤维素和维生素B、维生素C、维生素E的食品，不吸烟，不喝酒。

② 避免精神紧张，保持乐观情绪。避免月经失调。

③ 时常保持皮肤清洁。常用温水和无刺激性肥皂清洗脸部。用纸巾轻轻摩擦皮

肤，使皮脂排泄出来。不要用雪花膏和其他油脂类用品擦脸，以免梗阻皮肤毛囊孔和皮脂腺开口，加重症状。

5．节食与减肥

有的女孩为了“苗条”身材实行节食。如不吃早餐，不吃鸡肉、鱼、蛋等，长此下去，大脑缺乏正常的物质补充，易导致贫血、胃痛等。所以要合理安排生活，吃营养丰富的食品。早餐要吃好，中餐、晚餐不要过饱，多参加体育活动，勤用脑子，才是减肥的有效方法。

青春期的健康饮食

青少年生长发育阶段，也是人体对热能和营养素需求最多的阶段，对热能和营养素不足或缺乏都非常敏感，营养不良可能会推迟生长发育，还会使身体各方面受到严重影响。反之，如果此阶段营养补充合理而充分，不但会促进正常的生长发育，原本营养不良的儿童身高和体重也会因此而赶上正常发育的青少年。

不过，青春期少年学习压力大、自主性强，性发育和体态变化都会在心理和情绪上产生很大的压力。因此其饮食可能或不能满足营养需要，或者热量摄入过剩而营养相对不足。尤其是青春期的女孩子，或许会因为身体发育而采取不恰当的减肥方法，致使产生神经性厌食而危害健康。

所以，青少年的营养问题应该受到关注，并要注意以下几点：

1．饮食多样化

青春期需要高热能及丰富的营养素，因此按照营养学的要求，一日的膳食需有主食、副食，有荤有素，尽量做到多样化。

主食组成中，除了米饭之外，要多吃面制品，如面条、包子、馒头、饺子和馄饨等，还应在主食中掺合玉米、小米、荞麦、甘薯、高粱米等杂粮。

除主食之外，还要有一定的动物性食品、豆制品和果蔬，其中在所有饮食构成上，绿叶蔬菜应占一半以上。

主餐之外，要防止零食过多，并注意适当选择，尽量不要吃熏烤、油炸食品。同时还要防止因过于注重体型而忌食的倾向。

2．安排好一日三餐

与学龄儿童相似，青少年也要安排好一日三餐，应符合生理功能和实际需要。

早餐要选择热量高的食物，以足够的热能保证上午的体力活动和脑力活动的需要。青少年比较理想的早餐应该是一杯牛奶，适量的新鲜水果和蔬菜，100克左右的主食，如面包、馒头、饼干等含碳水化合物较高的食品。

午餐要有丰富的蛋白质和脂肪，因为午餐既要补充上午的能量消耗，还要为下午的消耗储存能量。午餐供热应为全日总热能的35%～40%。

至于晚餐则以吃五谷类的食品和清淡的蔬菜为宜，不可食用过多的蛋白质和脂肪，以免引起消化不良而影响睡眠。

在考试期间，应该提高膳食质量，多供给优质的蛋白质和类脂，特别是维生素A、维生素B_1、维生素B_2及维生素C，以补充高级神经系统紧张活动下的特殊消耗。

3．保证鱼、肉、蛋、奶和果蔬的摄入

青春期对蛋白质需求的增加尤为突出，每日达80～90克，其中优质蛋白质应占40%～50%，因此膳食中应该有足够的动物性食物和大豆类食物，尤其是钙的摄入。根据全国营养调查资料表明，中国人每日摄取钙质量为341～374毫克，仅为供给标准的38.9%～52.5%。青少年处于长身体阶段，更应该注重钙的摄取，所以膳食中不可缺少奶和奶制品。

【小贴士1】

青春期的女孩子要注意在经期应该避免食用一些食物，否则容易造成身体的损害。这些食物主要有两类：

生冷类：即中医所说的寒性食物，如梨、香蕉、荸荠、石耳、石花、地耳等。这些食物大多有清热解毒、滋阴降火的功效，在平时食用，都是有益于人体的，但在月经期却应尽量不吃或少吃这些食品，否则容易造成痛经、月经不调等症状。

辛辣类：这类食品都是作料，如肉桂、花椒、丁香、胡椒等。在平时，菜中放一些辣椒等可使菜的味道变得更好。可是，在月经期的女孩子却不宜食用这些辛辣刺激性食品，否则容易导致痛经、经血过多等症。

【小贴士2】

身为男性的我们都有过这样的成长经历：在青春期前，我们和身边女孩的身高都差不多，但在经历了青春期后，我们和女孩的身高一下子就拉开了距离。对此，专家认为：青春期男孩发育迅猛而不协调，身高增长快而体重增长慢；纵向发育快而横向发育慢；骨骼发育快而肌肉发育慢。这种“三快三慢”的特点，让青春期男孩对于营养摄入有着特殊的需求。与之相应的，青春期男孩在饮食上应注意以下几点：

1. 少男膳食注意“二高”

“二高”即为高热量和高蛋白。青春发育期，男孩子生长发育需要食物中提供热能，且他们的基础代谢增高，体力活动增加，也需要较多的热量维持，因而每日供给的食物中要保证他们有足够的热量及蛋白质。

动物食品如鸡、鱼、猪、牛、蛋、乳类食物等都是蛋白质最好的来源。在动物食品不能每日充分供应的情况下，要利用我国盛产大豆资源，从中摄取植物蛋白质，以保证青少年每日蛋白质的需求量。因此经常摄入豆制品，既能改善膳食花样，又能增加营养。

2. 谷类食物摄入十分重要

在安排青少年高热量、高蛋白的膳食时，应以平衡膳食、全面营养为原则，既考虑他们所需热量、蛋白质、碳水化合物，也应安排好各种维生素、矿物质的摄入，选择食物要广泛，主、副食搭配。谷类食物包括稻米、面粉、小米、玉米及甜薯等。它们是人体热能的主要来源，同时谷类供给的蛋白质、无机盐和B族维生素也在膳食中占一定比例。谷类食物来源广泛、经济，是我国青少年每日膳食的重要部分。一般来说，13～17岁的青少年，日进餐主食不应少于500克，否则时间长了必然带来不良后果。

3. 多食含钙、磷等矿物质的食物

男孩除要摄入谷类、动物食品外，还应注意多食海产品、蔬菜、水果等。因男孩青春期骨骼发育较快，应多食含钙、磷等矿物质丰富的食物，如虾皮、海带、乳制品、豆制品等。每天应食400～500克新鲜蔬菜，以保证维生素和矿物质、纤维素的摄入。

4. 远离垃圾食品

有些男孩食欲好，偏爱肉类炸制食品，尤其市场上各种中西快餐店应运而生，制作的含高脂肪、高糖、高蛋白质食品如炸鸡、汉堡包、三明治、冰淇淋颇为吸引孩子们。而长期过食这种快餐食品，对身体有害无益，暴饮暴食则有伤脾胃，影响其他食物摄入，而且是发生肥胖和增加成年患心血管疾病的因素。因此，要想给身体打下良好基础，就应重视青春期的合理营养。

让我们的青春更美丽

一、男生女生仪容礼仪

仪容就是指人的容貌，在个人形象中占据着重要的地位。个人容貌受两方面因素的影响，其一是先天条件，其二是后天的修饰。先天条件虽是人们与生俱来的东西，在个人容貌中起着重要的作用，但并不是说就完全决定了一个人容貌的好坏。有句话说："这个世界上没有丑女人，只有懒女人。"此话对男人也一样适用，它告诉我们先天条件固然重要，但后天的修饰还是能使之有所改善、有所改变的。对容貌进行必要的修饰和整理，能够使人神采奕奕、楚楚动人。

基本仪容规范包含下面几方面。

① 头发。头发是个人容貌的一部分，无论男生、女生都要勤洗头发，保持头发的干净与整洁。要选择适合自己的发型，头发的长短应根据个人的需要进行修剪。若要烫发、染发，则应遵从美的标准，切不可将头发做得过于夸张，另外也不要过于频繁地烫染，以免损害发质。对于缺乏营养、失去光泽的头发，应及时进行保养，以免给人身体不适的错觉。

② 面部。面部是个人容貌最重要的部分，要注意保养和修饰。洁面、护肤都是必做的工作，要时刻保持脸部的干净、清爽。脸部的分泌物应及时地擦去，进食、淋雨后应对脸部进行检查，以免在脸上留下不雅观的污渍或食物残渣。不要随便掐、抓脸部，用手抚触脸时动作要轻柔，以免在脸上留下伤痕。脸色不好的人，应对脸部进行适当的修饰或通过饮食、锻炼、休息等进行改善，以保证面部红润、气色喜人。

③ 颈部。颈部是个人容貌中非常容易被忽视的部分，对之要进行适当的清理与保养。由于颈部常常暴露于外，因而清洁面部时应一并清洁颈部，以保证颈部皮肤的洁净。同时，还应对颈部进行适当的护理，保持颈部皮肤的润泽光亮，不要让颈

部暴露个人年龄或不好的生活习惯。

④ 手部。手可以说是人的第二张脸，是人际交往中最常使用的人体器官。无论男女，都要经常洗手，保持手部皮肤的干净、清爽。指甲的长度要适宜，要注意经常修剪，指甲周围的肉刺、皮屑等物，也应及时清理。同时，要注意对手的保养和护理，可以通过按摩或擦护手霜等保持手部皮肤的细嫩，使之有光泽。

1．女士仪容标准

（1）发型

健康、美丽的头发可以增添女性的活力，而合适的发型更能为女性平添许多风韵。作为女性，应精心打理自己的头发，根据自己的脸型，扬长避短，选择最适合的发型。

判断发型的好坏，可从三方面进行，其一是看发型能否遮盖脸型、头型的不足；其二是看发型能否突出脸上吸引人的部位；其三是看发型是否与自己的年龄，所处的环境相一致。根据这三个标准，我们将分别介绍适合不同脸形的发型。

① 圆形脸。不少东方人是圆脸形，一般来说可以通过两种方式对其进行改善，其一是增加发顶的高度，使脸的视觉效果变长，其二是用头发把圆的部分盖住，使脸显得修长一些。所以，侧分头发或用吹风机和圆齿梳将头顶吹高，使两边的头发略盖住脸庞，是比较合适的。另外，头发可以适当地留长一些，如果前额很漂亮，就应该露出一部分，使脸看上去更长。要尽量避免中分头发或使头发紧贴头皮，也不要留全部往后梳的发型，这样会使脸显得更圆。

② 长形脸。与圆形脸相反，长形脸应该好好地利用刘海改变脸的长度，或压住头顶隆起的头发，使脸形看上去没有那么长。长形脸的人可以用优雅可爱的发式来缓解由于脸长而形成的严肃感。比如，可以将头发剪到腮帮以上，前额稍剪些刘海，或是在两边修些短发使脸形显得丰满，也可以将头发做成卷曲波浪式或整齐中带点乱的发型，为自己增添几分圆润与优雅。但要注意，不要将头发剪得过短或是把头发全部往后梳，这样会增加脸的长度。

③ 方形脸。方形脸的人不宜将头发剪得太短，也不要留太平直或中分的发型，这样会使脸显得更方。正确的搭配应是将顶部的头发变得蓬松，使脸变得稍长；同时可以用不对称的刘海改变宽直的前额边缘线，为自己的脸形增加几分纵长

感；也可以将头发编成发辫盘在脑后，使人们减弱对脸部方正线条的注意；另外，也可以用不平衡法来缓解脸部的线条，一边头发多，一边头发少，造成圆脸的感觉。总之，方形脸的人应以不同的方式破坏掉脸部线条的方直，使脸部变得柔和圆润。要避免留齐整的刘海或暴露整个额部，也不要留齐至腮帮的直短发，使脸变得更方。

④ 梨形脸。梨形脸就是指上小下大的脸，有这种脸型的人可以通过两种方式来改变脸型：一是尽量用头发盖住脸下端大出的部分，二是将耳朵以上部分的头发蓬松起来，增加额部的宽度，从而使两腮的宽度相应减弱。梨形脸的人可以侧分头发，稍留刘海，使别人的视线集中于眼睛以下，也可以用吹风机将两腮部位的头发卷进去，盖住部分的腮帮。要注意，不要剪顶部平、两边宽的发型，也不要将头发从中间分开或剪得太短，以免凸显脸形的缺陷。

⑤ 尖形脸。尖形脸就是指上大下小的脸，即俗称的倒三角脸。这类脸型的人可留短且宽的圆润刘海，以遮盖过宽的前额，突出头型的纵深感；另外还可将两颊边的头发烫卷或梳得较为蓬松，以弥补两颊过瘦的缺点，使整体轮廓呈现出椭圆的形状。波浪卷的烫发是比较适合的发型，圆润的曲线可以使脸部线条显得柔和，但不宜留贴耳的直发，以免更加突出尖尖的脸形。

另外，发型还应和身材相配。比如，身材矮小者在发型的选择上应着重于如何拉长身高，短发或盘发都能露出脖子，使身材的视觉效果变高。身材矮小者不宜留长发，也不宜将头发弄得粗犷、蓬松，因为这些都会使头部与整个形体的比例失调，使身材显得更加矮小。高瘦型的人，应该说身材是比较理想的，但容易给人细长、单薄、头部偏小的感觉，要弥补这些不足，发型则应追求生动饱满，长发、直发都比较适宜。应避免将头发削剪得太短薄或将头发梳得紧贴头皮，也不要将头发高盘于头顶，这会让身材显得更细长。身材高大的人给人一种力量美，但对于女性来说却缺少苗条、纤细的美感。为了适当减弱这种高大粗壮的感觉，应选择大方、简洁、线条流畅的发型，比如，简单的短发、长直发、大波浪卷发或束发，等等，切忌将头发搞得花样繁复或是蓬松、粗犷。身材矮胖的人，会给人以健康的感觉，因而在发型选择上要尽量利用这一点，造成一种有生气的健康美，比如，运动式的发型。另外，还应考虑弥补身材的缺陷，在发型的设计上要强调整体发势向上，有层次的短发或前额翻翘式的发型都比较适宜。头发应避免过于蓬松或过宽，也不要留大波浪、长直发等。

总之，在发型的选择上，个人应根据自己的情况扬长避短，使发型与整体的效果相配，造成和谐统一的美感。

（2）脸部化妆

适度、得体的化妆，可以体现女性的美丽与大方，无论是职业女性还是家庭女性，都可以根据不同的社交活动和社交场合，进行适度的化妆，以达到美丽动人的效果。

① 基本准备。女士在化妆前，应先将脸洗干净，然后拍上爽肤水，涂上润肤霜或是润肤露。这一步是最普通的脸部护理程序，在化妆中却很关键，因为好的基本准备会为下一步的化妆打下一个好底，避免正式化妆时脸部皮肤干燥，并且还可以使皮肤看上去显得晶莹剔透。

② 打粉底。接下来就是在做好准备的脸上打粉底。粉底分液体和粉末两种，选择哪种应根据个人的肤质及化妆的效果而定，一般而言，油性肌肤适用无油性或粉状类型的粉底，而干性肌肤则可选用较滋润的粉底液。粉底的颜色应以接近自己的肤色为宜，通常应该到化妆品专柜让柜台小姐帮忙挑选，或是自己将试用品在脸颊的下侧均匀抹开，看看是否能和其他面部的肤色融为一体。最适合的粉底应是涂在脸上之后不会使脸显著变白，也不会使脸的颜色看上去和脖子的颜色相去甚远。打粉底的最终目的是遮盖脸上的瑕疵，使脸看上去更加光滑细腻，面色均匀。

打粉底时既可以用粉底刷，也可以直接用手，个人可根据自己的喜好来选择。粉底要均匀地打，最忌讳打完后脸上可以看出一块块不均匀的痕迹。此外，还应在颈部和脸颊的交会处打上一些粉底并将其涂抹均匀，使脸部肤色自然地向颈部过渡，避免在脸、颈交会处能明显地看到一道痕迹。成功打底的效果是使人的肌肤看上去如婴儿一般细腻光滑、完美无缺。

③ 修眉画眉。修眉多是针对那些眉毛比较浓密的女士而言的。一般来说，第一次修眉最好去美容院或是请身边有化妆经验的朋友来帮忙，因为她们可以帮你修出一个漂亮的眉形。以后，就可以自己用眉夹来拔除新长出的眉毛，保持最初的眉形。

画眉首先需要选择一支颜色合适的眉笔，对东方女性来说，浅褐色或是浅棕色

的为宜，因为较深的颜色，如深棕色或黑色看上去很不自然。画眉时应对着镜子，按已有的眉形一根一根地画，千万不要把眉毛当成一幅填色图，胡乱地进行涂抹。只有一根一根地画，才能使眉毛看上去显得自然。画完之后，可以用眉刷沿着眉形刷几下，这是为了使眉笔的颜色与眉毛很好地融为一体。总之，画眉的结果是要使人显得眉清目秀，衬托出眼睛的明亮有神。

④ 画眼影。画眼影是一道复杂的工序，就现在的流行时尚而言，画眼影最少得使用三种同系列的颜色，才能使眼影显得自然。以前画眼影只在眼睛上边一小块眼皮上涂上眼影粉，而现在是在眉毛以下、眼睛以上的整块眼皮上画眼影。三种同色系的眼影粉，以越接近眼睛、颜色越深的方法来涂擦，眼影棒应轻轻地将眼影晕开，使三种颜色过渡自然且富有层次感。这样画出来的眼影，既显得自然又能凸显眼睛的深邃、迷人。比较常用的眼影色系有：接近白色的米黄—带金粉的黄色—咖啡色，接近白色的米黄—带亮粉的浅绿色—蓝色，接近白色的肉粉色—亮粉色—紫色，等等。另外，眉骨处也应刷上明亮的眼影，以加强整个眼窝的立体感。

⑤ 画眼线与睫毛。眼线的作用在于使眼睛显得轮廓鲜明，因而要想拥有完美的眼妆，这一步必不可少。画眼线首先要掌握眼线笔的握法，一般来说，可以以握铅笔的方法握住眼线笔，握得越靠前越容易控制线条。画时应微闭着眼睛，然后用无名指将上眼皮轻轻拉起，由眼尾向眼角描画。要注意，眼线不一定要紧贴睫毛根部，而是可以稍稍离开一段距离，这样张开眼时，眼线的位置就恰到好处了。画下眼皮时也是如此。画完后，可用棉棒从眼角至眼尾将眼线推匀，也可以用手指将眼线轻轻匀开，这样就烘托出眼睛的轮廓了。

画睫毛的作用是使眼睛显得更大，睫毛显得更长、更密和更翘。修饰睫毛最基本的工具是睫毛膏和睫毛夹，睫毛夹能使睫毛变得卷翘，而睫毛膏则能增长、加密睫毛。睫毛膏的选择应根据个人的喜好，若希望达到睫毛浓黑的效果，可选择黑色睫毛膏；若希望睫毛看上去比较自然，则可选择咖啡色睫毛膏。涂睫毛膏时，应用“Z”字形的涂抹方式轻轻涂抹睫毛，一般是先从上往下涂，再从下往上涂，这样会获得比较好的效果。对于想追求浓长效果的女士而言，不妨多涂几遍。涂抹完后，最好用睫毛刷刷去多余的睫毛膏，这样会令睫毛丝丝分明，更为动人。

⑥ 画鼻侧影。画鼻侧影是为了凸显整张脸的立体感，对于五官都不够突出的东方

人而言，对鼻部的化妆显得尤为重要。如果鼻子显得不够挺拔，最终会影响到化妆的整体效果。首先是对颜色的选择，鼻侧影的颜色一定要与脸面化妆的底色相协调。一般来说，棕灰色、浅棕色、土红色、褐色，都较为自然；同时，鼻侧影的颜色也要同眼影的颜色相配，并要注意与眼影的衔接，避免突然出现眼鼻的“断裂感”。

不同鼻形的侧影有不同的画法，大体而言，有以下几种具体的操作方法：a. 塌鼻梁。画侧影时应注意侧影与眉毛及眼影的相接，然后可在两眉之间的鼻梁上抹一道亮色眼影并尽量向两侧匀开，侧影与亮色形成鲜明的对比，原来低陷的鼻梁就会显得突出起来。b. 长鼻子，画侧影时应注意侧影的颜色比眼影稍微淡一些，而且侧影不要延伸至鼻翼处。c. 短鼻子，画侧影时应在鼻侧涂深颜色，在鼻梁上涂一窄条亮色，这样就可以使鼻子显得加长。d. 大鼻子，画侧影时应将略深于肤色的鼻影色从鼻根涂至鼻翼，然后在鼻梁和鼻尖上涂浅于肤色的亮色，且亮色不要涂得太窄，否则会让鼻子前部显得更大。e. 小鼻子，画侧影时应用接近肤色的肉色眼影加少量的白色和黄色眼影涂在鼻翼上，而鼻梁则不能涂得太宽太亮，否则会使鼻翼显得更小。

⑦ 涂腮红。腮红在整个脸部的化妆中显得非常重要，腮红涂得好，能使眼部和唇部的妆连成一体，使整张脸显得和谐美观，反之就会使妆显得支离破碎。常用的腮红颜色有红色、粉红色、橙色、紫色等，现在还比较流行接近白色的粉红色和米黄色。腮红的涂法有很多种，有圆形腮红、扇形腮红、斜长腮红、颊侧腮红以及综合式腮红，等等，不同的涂法会显出不同的效果。年轻的女孩比较适合将腮红涂在颧骨和眼睛下边，这样能使脸显得甜美、可爱。若是想显出成熟气息，则可以颧骨为中心，涂在颧骨两侧。另外，若要使脸部更有透明感，可以用刷子先蘸上点白粉，然后再蘸上腮红进行涂擦。

⑧ 涂口红。口红是女士化妆必用的工具，好的口红会令人看上去精神饱满、健康生动。通常来说，女士应有两支口红，一支是橘色系的，一支是粉红色系的，如果需要，可以把两支混合起来涂出中性色的效果，这样基本就能搭配所有的衣服了。涂口红时应先用唇线笔勾画唇形，唇线笔一定要比口红的颜色深或与其相似，绝不能比口红浅；然后是在唇部涂上口红，涂抹时用力均匀，不能一边深一边浅；最后是在唇部较高的地方涂上高光色，这样会使嘴唇更有立体感，也更吸引人。

⑨ 定妆。以上步骤全部进行完毕后，可用粉扑儿蘸上少许的散粉，轻轻按压面

部定妆，这能保持妆面的持久。

上述化妆步骤可简可繁，如果是参加正式的宴会或其他活动，最好将所有的步骤一一做到，使自己呈现出最佳的效果；但如果只是参加朋友间的聚会，则可省略某些步骤，或对一些操作加以简略。总之，女士要根据具体的情况适时地装扮自己，从而展现出自己最美丽的一面。

（3）美甲及香水使用

① 美甲。美甲可以对女士的个人形象起到一个画龙点睛的作用。正式的美甲一般包括修甲、按摩、涂甲三步。首先是修甲，如果女士对指甲的要求较高，可以用修甲专用的锉刀，而不要采用剪刀或指甲钳，因为专用的修甲锉刀能修出圆滑的指甲。指甲形状的选择，一般需要根据手形而定。手指细长的，可将指甲修成圆弧形；手指粗短的，可将指甲修成尖弧形。有时，指甲的根部会长有半弧形的干皮，这种干皮应在涂指甲油之前修剪掉，最好的方法是将手指浸在盛有干皮软化液的容器中，然后用干皮处理棒把干皮掀去，而不要直接用手撕扯或是用剪刀剪。

修完指甲后，就该进行指甲的按摩了，即在指甲的根部涂上一层指甲营养乳液，用另一只手的大拇指在指甲平面上圈式按摩，也可以把手指浸放在温度为20℃～30℃的盛有橄榄油的盆子里2～3分钟，然后再把橄榄油擦净，这样能有效地使指甲变得柔软、光滑。

最后一步就是涂指甲油，涂的顺序一般是先左手，后右手，从小拇指到大拇指依次进行，并使被涂的手指不动。涂指甲油也有技巧，可以先上底色，就是薄薄地涂一层透明色，要使指甲的每个部位都涂到，这样做能使指甲的表面平整；底色干后可以正式地涂上染色指甲油，一般应先涂指甲中间的部位，然后涂两边，速度要快，要一气呵成；如果指甲比较宽大，在正式涂抹指甲油时，可以不涂满指甲的两边，这样会给人以指甲修长的视觉效果。

② 香水。香水对于女士而言是一种无形的装饰品，适当地使用香水能增添女性的魅力，给人以良好的感觉。使用香水要先对香水进行选择，一般而言，东方女性适用味道比较清淡的香水，年轻女孩可以选用水果香型的，给人以甜美、可爱的感觉，成熟的女性可以选用花香型的，比如，茉莉花味的或玫瑰花味的，等等，衬托出成熟、雅致的气质。

香水的使用方法分为喷式和抹式两种。若采用喷式，可以将香水拿离自己20～30厘米处，对着自己轻轻按压，然后上前一步，让香水的雾气均匀地落在身上；若采用抹式，则可以用指蘸取适量的香水，涂抹在太阳穴、脖子下部、肘之内侧、手腕内侧、耳后、胸前以及膝盖后等动脉处，以使香水借着脉搏的跳动散发香味。另外，有些无色的香水也可洒在衣服上，尤其是秋、冬季着衣较厚时，洒到衣服上往往会比直接用到身上效果好。但要注意，不能将香水洒到衣服的显眼部位，而应洒在裙角花边或裙角里衬、衣襟或袖口里衬、内衣以及围巾、帽子、衣领、手套和胸前内领口等位置。

另外，香水也应配合季节使用，一般来说，春季用清淡的香水为宜，夏季用清爽的香水为宜，而秋冬季则应用味道稍浓的香水，给人以热烈、温馨的感觉。此外还应注意，香水不要一次用得过多，少量而多处喷洒效果较好。受伤的部位和脸部都不能使用香水，以免刺激皮肤。

2．男士仪容标准

（1）头发

一般而言，男士应留着干净整洁的短发，前面的头发不要遮住眉毛，两侧的头发则不要盖住耳朵，后面的头发不要长过衣领。男士应定期修剪自己的头发，并注意发脚线的整齐。染发或烫发对男士并不适宜，如果不是有特殊的需要，不要轻易地染、烫头发，除非是将白发染黑。另外，男士也应注意保养头发，不要认为护发素是专给女性准备的，如果发现自己的头发出现枯黄、易断、易掉的情况，应及时地护理头发，补充头部营养，以免给人缺乏活力、精神不振的感觉。

（2）面部

① 剃须。一般而言，男士不宜蓄留胡须，为保持面部的清洁应每天剃须。剃须前一般应先净脸，因为剃须时剃刀会对皮肤产生刺激，有时还会轻微地伤及皮肤，如果脸上或胡须上沾有污物，污物就会侵入皮肤引起皮肤感染。然后，可以通过毛巾热敷3～4分钟的方法软化胡须，如果是用手工剃须刀剃须，在软化胡须后还应在胡须上均匀涂抹剃须膏或皂液，以利于减轻刀锋对皮肤的刺激。剃刮胡须时应绷紧脸部皮肤，这既是为了减少剃刀在皮肤上的阻力，也是为了更好地剃净每根胡须。剃须的一般顺序是从左到右，从下到上，先顺着胡须长的方向剃刮，再逆着剃刮，

最后应检查一下刮不到的地方，如下颚等。千万不要东一刀、西一刀地剃须，既浪费时间又剃不干净。剃完后应用冷水清洗，然后再涂上须后水。须后水能收缩毛孔，给皮肤消毒并留下爽洁的清香。使用完的剃须刀应用水冲洗干净，放在通风处晾干，这是为了避免细菌滋生。用手工剃刀的男士应注意定期更换刀片，也可用水冲洗后在酒精中浸泡消毒。

② 面部护理。以前，男士对于面部护理总是敬而远之，认为洗面奶、爽肤水、面霜等都是女性的专用品。但事实上，由于男性的活动量较大，再加上本身的生理因素如分泌较旺盛等，对面部进行护理并非没有必要。在目前的市场上，已经能看到越来越多的男士护肤品，如最基本的洗面奶、爽肤水、乳霜，还有磨砂膏、面膜、精华素，等等，男士护肤正受到越来越多人的重视。

男士护肤的第一步也是最基础的一步，是进行面部清理。由于男士的汗液和油脂分泌量较多，而且在室外工作的机会也多，皮肤上容易积聚起污垢和灰尘，所以洁面时最好使用专门的洗面奶或洁面凝胶，而不要只用水洗或用普通的香皂洁面，以免洗不干净或刺激脸部皮肤。另外，男士还应定期进行深层清洁，祛除多余油脂、老化的角质层等，改善面部肌肤的粗糙。当然，男性皮肤也和女性一样分油性、中性、干性等若干种，选用何种洁面用品应根据自己的肤质而定。一般来说，干性肤质的适用较温和的产品，油性肤质的使用清洁力强的产品。

洁面后就应是护肤。很多男士不习惯往脸上涂乳液、乳霜等护肤品，事实上这是非常不好的习惯，尤其是在北方生活或是在比较干燥的冬季，如不进行必要的护肤，就会令脸部缺乏润泽，起皮或开裂也会接踵而来。因而，男士不可忽视护肤这一步。护肤基本上有两个步骤，先是拍上爽肤水，也叫收敛水，然后再涂上乳液、乳霜等。护肤品的选择也应根据个人的肤质而定，一般而言，干性皮肤者应选用滋润、保湿的护肤产品，油性皮肤者应选用有控油功能的产品，中性皮肤者较为省事，选用一般的护肤品即可。同时，护肤品也应根据季节来变换，夏天适用比较清爽的护肤品，冬天则适用滋润的护肤品。另外，往脸上涂抹乳液、乳霜时不可随便乱涂乱抹，而应以轻柔的手法由里而外、由上而下地涂抹，涂抹完后应检查一下，看看是否涂开涂匀。如果有时间，男士在平时也可以定期做面膜，不要认为面膜只有女性可以做，干净饱满的脸对男士而言同样重要。

③ 护唇及美牙。很多男士没有护唇的概念，有些人甚至认为干裂的嘴唇才能显示男人味。事实上，这是大错特错的，起皮、干裂甚至有血口子的嘴唇不可能给人留下良好的印象。男士护唇就是要时刻保持唇部的滋润，所以可以常年使用无色的润唇膏来防裂。至于美牙，对男士而言也非常重要。因为很多男士吸烟、喝酒，所以牙齿容易发黄、发黑，除了每日早晚刷牙外，男士可以用美牙的产品，如牙齿增白剂、牙粉，等等，必要时也可去口腔医院洗牙。另外，男士还应保持口腔的清新，对于经常应酬的男士而言，可以随身带一支口气清新剂，美化自己、方便他人。

（3）手部

男士也应注意护理手部。要注意经常修剪指甲，保持清洁，如果指甲内有污垢，可以用小刷子擦洗干净，或直接剪掉指甲。在冬天或干燥的北方，男士也应经常用护手霜滋润双手，不要认为护手霜是只给女性用的，开裂、粗糙的手谁都不会喜欢。

二、仪表礼仪

一个人的仪表大体上是指这个人所穿的衣服，所佩戴的饰物。仪表在人际交往中起着非常重要的作用，美好的仪表多会让交往对象觉得赏心悦目，令交际活动顺利地进行。仪表礼仪在个人礼仪中占据着重要的地位。

1．着装原则

（1）与季节气候相配

人们着装应与季节、气候相配。简单地说，就是什么季节穿什么衣服，不要逆季节而行。不合季节的着装，常会给人不舒服的感觉，严重地影响个人形象。

① 春季着装。春季是万物复苏的季节，人的心情也会因为生机勃勃的气象而变得轻松和温暖。因而，这一季节的衣服可以从冷色调转为暖色调，鲜艳、高亮度的衣服都比较适合，比如，嫩黄、粉红、葱绿、天蓝，等等。在款式上，由于春天是乍暖还寒的季节，单衣并不合适，可根据春天易变的气候选择协调搭配的套装两件套，或在外面披上风衣，以便热了脱去、冷了加上。

② 夏季着装。夏季烈日炎炎，气温很高，容易使人产生烦躁、焦虑的情绪，因而在服饰色彩的选择上，宜用冷色调、浅色调为主，比如，白色、浅蓝、浅绿、浅米灰，等等，以给人轻快、凉爽的感觉。同时，由于夏季气温高，人体出汗较

多，在衣服面料的选择上宜用吸湿性好、透气性强的，如纯棉、麻和丝绸等。在款式上，为了便于人体散热，夏季的服装多采用宽松、暴露较多的款式，比如，短袖衫、无袖衫、吊带衫、短裤、短裙，等等。

③ 秋季着装。秋季是收获的季节，可选用非原色的中间色或中等明度的颜色来体现秋天的成熟，如咖啡色、芥末黄、宝蓝、橙红，等等。在款式上，秋季的着装与春季相似，两件套的套装，带马夹的三件套都很适宜。秋季着装的面料选择可以多样化，蓬松的质地和柔软的裁剪值得考虑。

④ 冬季着装。冬季是万物冬眠的季节，自然界的整体色调都比较单一，因而在着装上可用鲜艳、热烈的颜色，如大红、明黄等，给人以温暖的感觉。当然，常规的颜色如藏蓝、混灰、姜黄、褐色等也比较适宜。在面料上，冬季服装多选用保暖性强的呢、绒、毛、皮革、皮草等面料。在款式上，由于户外寒冷，不同长短的大衣都比较合适。

（2）与环境场合相配

着装要与环境、场合相配，就是指人们要根据不同场合来进行着装。场合从广义上讲，应包括三大要素，即时间（Time）、地点（Place）和场合（Occasion），从这三方面出发考虑着装，就是国际上所谓的TPO原则。当然，TPO原则从严格意义上来讲是针对正式场合的着装而言的。

① 时间。所谓着装要与时间相配，就是指人们着装要考虑时间的适宜性，根据时间选择衣服。从日常生活而言，就是指人们可根据早晚气候的变化添加或更换衣服，尤其是在北方地区，早晚凉、中午热的气候情况要求人们根据时间来添衣或脱衣。从社交生活而言，就是指人们要根据社交活动进行的时间选择衣服。比如，在西方正式的宴会活动中，男士午前或白天不能穿夜宴的小礼服，而晚上则不能穿晨礼服；女士在日落前不应该穿过于裸露或耀眼的晚礼服，等等。

② 地点。所谓着装要与地点相配，就是指人们要根据所在地点的不同选择衣服。比如，北方居民冬季的着装一般都比较厚实、宽大，以便适应北方寒冷的冬季；而南方居民冬季的着装就相对轻薄、灵巧，与南方冬季的气候相适应。再比如，同样是参加晚宴，在气候较热的地方，女士的小礼服最好是浅色、冷色的，如白色、银灰、银蓝等，而且礼服的衣料要轻，让人看了觉得凉爽；而在气候寒冷的

地方，则应选择深色、暖色的礼服，如黑色、红色等，衣服的面料要相对较厚，给人热烈、沉稳的感觉。

③ 场合。所谓着装要与场合相配，就是指人们应根据不同的社交场合选择衣服。比如，人们上菜市场买菜或进行早锻炼时可以穿家居的便服或运动衫裤，但上班时就应换成较正式的工作服；出去旅游或购物可以穿休闲、时尚的衣服，但若去参加正式宴会就应换成正式的礼服。再比如，同样是参加正式的社交活动，华丽耀眼的晚装在舞会上穿显得非常适宜，但若在葬礼上穿，就显得极没素养；同样是参加沙龙，若是学术性质的聚会，则应穿得较为大方典雅，若是娱乐性质的聚会，则可穿得时尚活泼。

（3）与自身条件相配

① 年龄。着装应考虑自己的年龄，使服饰与年龄相协调。一般来说，年轻人可以穿得鲜艳、活泼、随意一些，充分体现出年轻人的朝气与活力，而中、老年人的着装则要注意庄重、雅致、沉稳，体现出年轻人所缺乏的成熟与稳重的魅力。当然，近年来越来越多的年轻人穿衣喜欢选用黑、灰、咖啡等素雅、大方的颜色，而中、老年人中则出现偏爱大红、大紫等鲜亮颜色的趋势。这样一种倒转的现象自然有其存在的理由，年轻人选择素雅大方的颜色，能使自己显得稳重、雅致，而中、老年人选择明亮的颜色，则可令自己看上去显得年轻而有活力。但要注意，进行这种倒转选择时应尤其注意服装的款式，年轻人服装的款式不要过于成熟，以免显得老气横秋，中老年人服装的款式不能过于时尚，以免显得没有身份。

② 身材。着装还应考虑自己的身材，要根据自己的体形来挑选合适的服装。一般来说，体型较胖的人应选择小花纹、直条纹的衣料，颜色最好偏冷，款式要简洁，衣领以“V”字形为佳，给人以苗条的视觉效果；体型较瘦的人应选择色彩鲜明、大花图案或方格、横条的衣料，款式可以繁复一点，以达到显胖、显壮的效果；身材过高者应适当地加长上衣，配以低圆领或宽大的袖子，颜色宜选择深色、单色或柔和色，下装也应宽大蓬松，给人以“矮”的感觉；身材矮小者上衣应稍短，以突出腿的长度，上下装的颜色要一致，款式要简单，以获得“高”的视觉效果。总之，着装应扬长避短，使服装与自身相得益彰。

③ 职业。着装也应考虑个人的职业，根据不同的职业要求与职业特色进行着

装。比如，教师、医生、政府工作人员一般要穿得庄重一些，服装的款式不要过于怪异，化妆打扮也不要过于夸张、过于妖冶，以给人留下良好的印象；服务人员的衣着要整洁、得体、富有亲和力，以给人平易近人的亲切感。学生穿着要大方、整洁，富有青春活力，不要过于老成；至于演员、艺术家等则可以根据他们的职业特点与职业要求，穿得时尚一些、前卫一些。

④ 气质。着装也应考虑个人的气质，不能让人觉得服装与本人格格不入，毫无和谐的美感。例如，长相清秀的人，不宜穿过分夸张的服装；成熟婉约的人，不宜穿过于可爱的服装；粗犷豪放的人，不宜穿过于秀气的服装；甜美可爱的人不宜穿过于老气的服装。如果一定要穿与自己的气质类型不符的服装，也应尽量通过佩饰加以调节，避免给人过于突兀的感觉。

2．着装的色彩知识

色彩既是构成服装的重要因素之一，也是服装中最响亮的视觉语言。人们对一件衣服的第一感觉往往不是款式，不是质地，而是色彩。因而，色彩的选择与搭配是否正确、是否得体，往往决定了穿衣的成败。了解着装的色彩知识，能帮助人们更好地选择衣服，适时地表现出自己的气质与魅力。

（1）色彩的基本知识

① 三原色。原色，又称为第一次色或基色，是用以调配其他色彩的基本色。原色的色纯度最高、最纯净、最鲜艳，可以调配出绝大多数的色彩，而其他颜色则不能调配出三原色。一般来说，人们都把红、黄、蓝称为三原色，事实上这只是一个大概的说法，确切的三原色应是品红、黄、青。将这三种原色进行调配，能调出绝大多数的色彩。

② 中性色。中性色，也可称为无彩色系，是指由黑色、白色以及由黑白调和出来的各种深浅不同的灰色系列。之所以把黑、白、灰称为中性色，是因这几种色彩能与任何色彩相配，起到调和、缓解作用。在着装中，中性色是最安全的颜色，可以搭配任何颜色的衣服，起到不同的效果。

白色是清纯、纯洁、神圣的象征，飘逸着不容妥协、难以侵犯的气韵。在着装中，白色的服装能给人以高品位的感觉，比如，白色的西服体现出华丽而高雅的品质，白色的裘皮大衣有一种温暖的情感且显得雍容华贵，白色的礼服能使人显得冰清玉洁、典雅高贵。另外，白色还可以与任何一种具有强烈个性的色彩搭配，并表现出不同的情感效果。例如，白色与天蓝色相配，展现出飘逸、清纯无瑕的效果；白色与红色相配则显得艳丽动人；白色与绿、黄绿色相配，则明快中见清丽，极富青春活力；白色与红紫色组合，则带上了浪漫的神秘意味。总之，白色与任何色彩的搭配均能体现出和谐的美感。

黑色象征着庄重、神秘、成熟。在着装中，黑色以其高雅的格调、华贵而又质朴的内涵，给人以神秘感和高贵感。黑色西装、黑色的晚礼服、黑色的套装或皮衣，都能够展现出着装者的优雅体态和高雅气质。黑色可以和中性色中的白、灰以及有彩色系中的任何色彩组合搭配，并营造出千变万化的色彩情调。比如，黑色与红色相配，一冷一热，艳丽中有冷傲，活泼中有端庄，冲突而又调和，给人以既典雅又热情的感觉；黑色与蓝色相配，则给人一种清丽、素雅、宁静的感觉；黑色与金、银色搭配则可表现出华丽、典雅、高贵的感觉；黑色与白色、灰色相配，则可显示出清幽、雅致、仪态万方的高贵格调。

灰色介于黑白之间，是黑色的淡化、白色的深化，因而它具备黑、白二色的优点，更显高雅、稳重的风韵。灰色的西服、套裙、礼服适合在任何社交场合穿着，它能给人一种温文尔雅的气度。在着装中，灰色也常和其他色素相调配，产生一系列富有朦胧气息的灰色系列，如浅驼灰、紫灰、蓝灰，等等。灰色也可以与任何色彩搭配，构成种种富于浪漫气息的风格。一般而言，灰色与单纯的色彩相组合，能产生颇具现代感的高雅格调；与相近的色调组合，则能给人一种优雅、清幽的感觉。因此，灰色是表现古典、雅致、高贵所不能缺少的色系之一。

③ 冷暖色系。冷暖色系就是指有彩色系，是指除了黑、白、灰之外的其他色彩。有彩色系中的各种颜色，根据色相的不同，会给人以温暖或寒冷的感觉。一般而言，让人觉得温暖、兴奋、热烈的色彩，可以划入暖色系；而令人觉得寒冷、平静、抑制的色彩，可以划入冷色系。具体的色彩及其象征意义如表1-1所示。

当然，冷暖色不能绝对地进行划分，比如，紫红色就可算作暖色，而深紫色就成了冷色。色彩的温暖或寒冷更多的是给人一种感觉，是非常感性的。

表1-1　各种冷暖色彩的象征意义

色系	色彩	着装中的象征意义
暖色	红色	热情、活泼、热闹、革命、温暖、幸福、吉祥、激情
	黄色	光明、辉煌、华丽、兴奋、甜蜜、希望、高贵、愉快
	橙色	温暖、华美、富足、活泼、快乐、健康、勇敢
	粉色	柔和、温情、浪漫、朦胧、温馨
冷色	紫色	优雅、高贵、魅力、沉稳、亲切、平静、谦和
	绿色	新鲜、平静、安逸、和平、柔和、青春、理想、自然、朝气、新生
	浅蓝	纯洁、梦幻、清爽、文静、飘逸、希望
	深蓝	深邃、永恒、沉静、理智、诚实、自信

（2）色彩的搭配原理

① 同种色相配。同种色相配是一种简而易行的配色方法，在具体做法上就是把同一色相，明度接近的色彩搭配起来，比如，深红配浅红、浓绿配淡绿、深灰配浅灰，等等。这样搭配的上下衣，可以产生一种和谐、自然的色彩美。

② 邻近色相配。邻近色相配就是把色谱上相近的色彩搭配起来，如红配黄、黄配橙、蓝配绿，等等，以收到调和的效果。但要注意，这样搭配时最好将两个颜色的明度与纯度错开，比如，用深一点的蓝和浅一点的绿相配，用中亮度的橙与淡淡的黄相配等，都能显出调和中的变化，起到一定的对比作用。

③ 主色调相配。主色调相配就是以一种主色调为基础色，再配上一两种或几种次要的色彩，以使整个服饰的色彩主次分明、相得益彰，比如，主色调是黄色，可配上一点蓝色、黑色等。主色调相配是一种常用的配色方法，采用这种配色方法需要注意，用色不要太繁杂、零乱，要做到尽量少用色、巧用色。

④ 对比色相配。对比色相配就是指用两种不同色相的色彩相配，起到对比的效果。一般而言，能形成对比效果的色彩分为两类：一类是相隔较远的两种颜色，如黄色与紫色，红色与蓝色；另一类是互补的两种颜色，如红色与绿色、橙色与蓝色、黑色与白色。相对比的两种颜色既有互相对抗的一面，又有互相依存的一面，

如果能用黑色、白色或灰色的饰物在两种颜色间加以过渡，就能在刺激人视觉感官的同时，产生强烈的审美效果。

此外，用中性色搭配其他颜色一般都比较适宜。如果要追求一种庄重、典雅的整体效果，配色一般不宜超过三种，否则会给人繁杂、俗艳的感觉；同时，为了保持沉稳、和谐的感觉，一般要求上装的颜色比下装浅，否则会给人头重脚轻的感觉。

（3）色彩与肤色

服装色彩的选择还应同个人的肤色相配。东方人属于黄种人，在色彩的选择上不像白种人那样可以随意选择，因而更应引起注意。

① 肤色偏黑。宜穿暖色调的弱饱和色衣着，如浅黄、浅红、浅橙、浅棕，等等。也可穿纯黑色的服装，并以绿、红或紫罗兰色作为补充色，但应避免其他的深色，如黑紫色、深褐色等，这会让肤色显得更黑。此外，黄棕色、黄灰色等颜色的衣着能令肤色变亮，不妨多加选用。另外，还应善用中性色作为调和色，协调整体的着装效果。

② 肤色偏红。最宜选用微饱和的暖色作为衣着，也可选淡棕黄色、黑色加彩色装饰或珍珠色，这些色彩都能衬托出泛红的健美肤色。此外，黄色配黑色的衣着也非常相宜。但不宜选用紫罗兰色、亮黄色、淡绿色、纯白色等色，因为这些颜色会过分突出皮肤的红色。而淡淡的冷色调如淡蓝灰等也不相宜。

③ 肤色偏黄。适合的色彩是浅粉色、浅红色、米色等，也可以选择以白色为主色调，以其他较鲜亮的颜色为装饰色，如紫罗兰色、红色、橙色等。不宜穿亮度过大的蓝色、紫色等服装，也不要穿亮度很高的白色服装，这些颜色会衬得肤色更加显黄。

④ 肤色苍白。最合适的色彩是蓝、黄、浅橙黄、淡玫瑰色、淡绿色一类的浅色调，以较重的黄色加上黑色或紫罗兰色的装饰色，或是紫罗兰色配上黄棕色的装饰色也非常相宜，但黄色部分最好别太靠近脸部，否则皮肤就会显得过于暗淡。不宜穿冷色调的衣服，这会越加突出脸色的苍白，也不要穿紫红色的衣服，这会使其脸色显得黄绿，给人以病态的不良视觉。

3．女士着装礼仪

女士着装包括衣着和佩饰两方面。对于女性而言，这两方面都是展现自身气质与品位的关键，应一视同仁地予以重视。

（1）衣着

① 便装。便装是指那种不适宜在正式场合穿的服装，它包括T恤、毛衣、牛仔裤、休闲裤、连衣裙、半身裙、夹克衫、风衣，等等。这其中的每一类又可以分为许多不同的款式，如毛衣有高领毛衣、中领毛衣、低圆领毛衣、V领毛衣、一字领毛衣、开襟毛衣等；牛仔裤有短牛仔裤、中牛仔裤、七分牛仔裤、九分牛仔裤、牛仔长裤、牛仔背带裤等；连衣裙有超短连衣裙、过膝连衣裙、长连衣裙、方领连衣裙、圆领连衣裙、V领连衣裙等。

便装适穿的场合很广，一般而言，只要不是参加一些非常正式的活动，如参加会议，参加正式的晚宴，参加丧葬仪式，参加商务洽谈等，都可以穿便装。有些便装，如质地优良的毛衣、做工精细的连衣裙、款式简洁大方的风衣等，在某些要求并不十分严格的社交活动中也能穿，或是可以配合西服穿着。但要注意，便装的穿着也应大体地分下场合，比如，出外旅游可以穿牛仔裤，但却不宜穿裙子；工作时可以穿高领毛衣，但却不宜穿开口很大的V领毛衣；风衣可以在起风的傍晚穿，但却不宜在艳阳高照的中午穿。总之，女士穿便装也应根据具体的场合来选择，要尽量符合着装的基本原则，穿出气质，穿出品位。

② 西装。西装是女士服装中比较正式的衣着，一般适合在工作场合或公务场合穿着。女士西装的款式很多，比如，就领形而言，有V领西装、青果领西装、披肩领西装等；就衣扣而言，有单排扣、双排扣；另外，衣长也有变化，有短至腰处的，也有长至大腿的。适用于西装的面料也很多，比如，有丝绸、毛料、毛呢织物、羊绒，等等。

女士的西装分为衣裤相配的套装和衣裙相配的套裙。一般来说，穿套装的女性常给人以干练、成熟、端庄、典雅的感觉，显得比较严肃，比较有权威；而套裙则适合不同阶层、不同身份的社会女性穿着。套裙不同的穿着方法，能给人不同的感觉。比如，上下一色整套地穿就会显得端庄、成熟；色彩上浅下深或上深下浅，就会显得比较活泼；式样上简下繁或上繁下简，就可透露出几分动感。不同的穿着方式应配合不同的场合。不过在总体上，女士穿西装都应以简洁大方为宜，不要过分花哨或繁复，以免给人浮俗的感觉。

③ 礼服。考究地讲，女士的礼服可以分为三种：其一是常礼服，就是指质地、

色泽一致的上衣和裙子，可以戴帽子和手套；其二是小礼服，就是长及脚背但不拖地的露背式单色连衣裙式服装；其三是大礼服，就是袒胸露背的拖地或不拖地的单色连衣裙式服装，可以戴相同颜色的帽子、长纱手套及各种头饰、耳环、项链等首饰。三种礼服中又以大礼服最显尊贵与华美。

在我国，旗袍也可在正式的社交场合中穿，旗袍贴身的剪裁、精美的做工能很好地彰显女性的端庄与妩媚，因而正被越来越多的社交场合所认同。夏季穿的旗袍可用棉布、丝绸、麻纱等作面料制成，而秋冬季的旗袍则可采用锦丝绒、五彩缎制作。穿旗袍时，鞋子、饰物一定要配套，一般而言，饰物应以金、银、珍珠、玛瑙等制成，鞋子应是与旗袍颜色相同或相近的高跟或半高跟皮鞋。另外，裘皮大衣、毛呢大衣、短小西装和各种方形毛披肩均可与旗袍配套穿着，塑造出典雅、迷人的女性形象。

礼服的穿着对女士身材的要求很高，女士应根据自己的形体选择能突显自己优点的礼服，避免穿坏礼服。基本上，身材娇小玲珑的女性宜穿中高腰的纱面礼服，腰线建议用V字微低腰设计，以增加身材的修长感，修饰身材比例；下身裙摆过于蓬松或肩袖设计过于夸张的礼服应尽量避免。身材修长的女性可以尝试任何款式的礼服，若想展现身姿，可以选择包身下摆呈鱼尾状的礼服。身材丰腴的女性适合穿直线裁剪的礼服，以获得苗条的视觉效果；花边花朵等装饰宜选用较薄的平面蕾丝；高领款式或腰部、裙摆设计繁复的礼服应尽量避免，以免使自己看起来显得臃肿。

④ 鞋袜的穿着。在正式的工作场合或公务场合，女士宜选用肉色的丝袜。如果穿裙装，则丝袜的长度一定要高于裙子的下摆，以免造成腿部视线的划分，令腿显得粗短。另外，皮鞋最好不要露脚趾，鞋跟也不宜过高过细，高跟或半高跟的浅口皮鞋最适宜。

（2）佩饰

佩饰就是指女士在着装的同时选用，佩戴的装饰性物品。好的佩饰能对人的整体装扮起到一个烘托和美化的作用，具有画龙点睛的功效。对于女性而言，佩饰不仅可以显示自己的身份、地位，还能透露出内在的涵养和审美品位，因而显得十分重要。

① 基本佩戴原则。佩戴饰品应把握三个原则：其一，佩饰要与服装相协调，

比如，在色彩上，饰物的色彩应与服装相协调，或能衬托出服装的色彩；在款式上，饰物应与服装相得益彰，若服装款式繁复，饰物宜选大方雅致的，若服装简洁素雅，饰物可选鲜亮别致的；在制材上，饰物应与服装相配，例如衣服是真丝的，金银饰品就比较适合，衣服是皮革、皮草的，珍珠、水晶的饰品比较合适。其二，佩饰要与体貌相协调，不同的年龄、脸形、身材、发式应选择适合自己的饰品，比如，圆脸的女士应佩戴扁长型的眼镜，上年纪的女士可戴珍珠制品的饰物，身材娇小者饰物不应佩戴得过多、过大等。其三，佩饰要与环境相协调，比如，工作时所戴的饰品不可过于夸张，参加晚宴时所戴的饰品可以明亮炫目一些，春季佩戴的围巾可以鲜艳娇嫩一些，冬季佩戴的围巾则应厚重、热烈一点。

② 首饰。佩戴首饰的总原则首先应是少而精，这是说佩戴首饰千万不可多多益善。通常，首饰的总量不能超过三种，除成对佩戴的饰品外，其他首饰最好做到同类的不超过一件。另外，佩戴首饰应讲究整体的和谐，不同色、不同质的首饰不能同时佩戴，以免让人觉得牛头不对马嘴。具体而言，戒指、项链、耳饰、手镯或手链、脚链等这些不同的首饰各有不同的佩戴方法。

戒指一般应戴在左手，数量应以一枚为宜，不应超过两枚。若要戴两枚戒指，则可戴在一只手的相邻两个手指上，如中指和无名指，也可戴在两只手对应的手指上，如左手无名指和右手无名指，而不应在一个手指上戴两枚。戒指戴在不同的指上有不同的意思，通常，戴在食指上表示单身无偶，戴在中指上表示正在恋爱或已经订婚，戴在无名指上表示已婚，戴在小指上表示独身主义。在很多西方国家，修女把戒指戴在右手无名指上，表示嫁给了上帝。

佩戴项链一般也不应超过一条，但一条长项链绕成数圈是可以的。项链的粗细应与脖子和身材的比例相称，不可过粗。链坠一般只能使用一个。另外，在正式的场合不能戴造型过于怪异的链坠，如十字星形的项坠或骷髅造型的项坠，等等，无宗教信仰者也不宜戴有宗教意味的链坠，如十字架等。

耳饰一般分为耳钉、耳环、耳坠。在正式场合下，耳饰应成对使用，不要只戴一边或一边一个不同的耳饰。当然，在非正式的场合中，为了追求时尚，可以根据自己的喜好随意组合。拖至肩部的长链式耳坠在正式场合中不宜和项链、胸花等同时佩戴，以免造成混乱的效果。

佩戴手镯或手链能够凸显手部及手臂线条的柔美，但一般不在一只手上戴三只或三条以上的手镯、手链。如果只戴一只或一条，应戴在左手手腕上。手镯或手链也不能同时和手表佩戴在同一只手上，以免造成累赘、繁复的视觉效果。

脚链是时下比较流行的饰品，佩戴脚链能凸显脚踝及小腿的美丽线条。脚链一般只戴一条，戴在哪只脚上可根据个人的喜好。若穿丝袜佩戴脚链，则应将脚链戴在丝袜外面。

③ 发饰。常见的发饰，质地有有机玻璃、金属、丝绒线织等几种，其形状千姿百态，颜色更是丰富多彩，非常适合女士进行装扮。发饰的佩戴应讲究季节和场合，一般夏天不宜佩戴丝绒线织质地的发饰，发饰的颜色也以蓝色、银色、白色、金属色等冷色系为宜，而冬天则可戴色彩热烈或温暖的发饰，以凸显女性的温柔气息。发饰色彩、质地、造型还应和服装及其他饰品相配，应保持整体着装的一致与和谐。此外，发饰的佩戴还应和场合相适应。若去上班，则不宜戴过于夸张或过于可爱的发饰；若去参加正式的宴会，则可戴比较耀眼、与发型相得益彰的发饰。

④ 胸针胸花。佩戴胸针胸花要注意佩戴的位置，如果穿西装，则应将胸针胸花别在左侧领口上，如果上衣没有领子，则可别在左胸上，位置大致在第一、第二个衬衫纽扣之间。胸针胸花的选择，也应和整体的着装相适宜。如果衣服色彩较为素雅、暗淡，则可选用亮丽夺目的胸针胸花；如果衣服色彩较为鲜亮，则可选择色调较深的，以显示出妩媚与俏丽。另外，胸针胸花不宜和徽章、纪念章、奖章等一起佩戴，如果上衣的款式比较繁复，例如，有层叠的蕾丝边或花边等，也不宜佩戴胸针胸花。

⑤ 帽子。女士帽子的种类繁多，如宽檐帽、贝雷帽、水手帽、鸭舌帽、棒球帽、水手帽，等等。不同的帽子会有不同的装饰效果。佩戴帽子首先应注意与服饰、发型、脸型、身材等相配，帽子的式样、颜色、质地等应与整体的着装效果保持一致。同时，帽子的选择也应和季节、天气相配，不要逆季节而戴，或是戴得不合时宜。帽子的戴法要合乎规范，该戴正的不要戴歪，该偏后的不要偏前。另外，在室内一般不应戴帽子，尤其是在比较正式的场合。除了与礼服相配的无檐软帽外，其他的帽子一般不允许在室内佩戴。

⑥ 围巾。围巾可以和帽子成套佩戴，也可单独佩戴。围巾的种类也有很多，

从质地上讲，有毛料的、毛线的、丝绸的、布的，等等；从款式上讲，有长巾、短巾、方巾、三角巾等。选择哪种颜色、哪种质地、哪种款式的围巾应以佩戴者的年龄、着装、其他佩饰以及气候、场合等为标准。同时，围巾一般一次只能佩戴一条。另外，围巾除了能戴在脖子上，还能系在腰间、扎在头上或系在包上作为装饰和点缀。

⑦ 眼镜。在女士着装中，眼镜的功能已不仅仅局限于实用性，它还被人们用作美容上的装饰品或作为时装的搭配物。佩戴的眼镜要与自己的体型相和谐，如身材瘦小的人戴浅色、细边框的眼镜比较适合；佩戴眼镜也应考虑发型，如留有刘海的女性不宜戴过于宽大的眼镜，以免使脸型看上去变短，同时镜框的颜色要与头发的颜色相和谐，不能形成太大的反差，比如，染红色头发的人戴绿边框的眼镜给人的视觉效果就不好；佩戴眼镜还应注意与自己的身份、年龄相配，年长者适合戴朴实、大气的眼镜，以给人端庄的感觉。

眼镜还应与脸形相配，例如，长形脸的人适合佩戴宽边、深色大镜框的眼镜，以打破长脸的直线；圆形脸的人适合戴细边框的方形眼镜或无底边框眼镜；方形脸的人最好选择扁圆形的眼镜架，以增加脸部线条的圆润；尖脸形的人最好佩戴锐角形的眼镜，以使脸部整体显得协调。

此外，不要在室内戴黑色眼镜，在室外的正式场合中也不应戴。如患有眼疾不得不戴时，则应向主人或客人说明。交谈或行礼时，应把眼镜摘下来，以示对他人的尊重。戴太阳镜时，要注意揭下商标，不要因此成为他人的笑谈。

⑧ 包。对于女性而言，包不仅具有实用功能，还具备装饰的作用。女式用包一般分为三类，一是肩挂式，一是手提式，一是手拿式。肩挂式包是最方便的一种女式用包，不论是外出访友还是上街购物，都把包挂在肩上，非常实用；手提式包的提带较短，适于手提，通常职业女性用得较多；手拿式包较具典雅端庄的感觉，一般是与宴会礼服搭配使用的。包的质地、颜色、图案等应与全身的着装相协调，另外还要考虑带包者的体型等因素。一般来说，体型矮胖者不宜带太秀气的包，体型高胖者宜带稍大些的包，体型瘦小的人宜用小巧玲珑的包，又高又瘦的人各种造型的包都适合，但包不宜过大或过小。需注意，手提式包应套在手上，不要拎在手里甩来甩去；包内的东西不宜放得过多，以免鼓鼓囊囊，有损包的造型。

4．男士着装礼仪

男士着装也是一门学问，其重要性不亚于女士着装。为了展现风度与魅力，男士一定要讲究着装的礼仪，使自己仪表堂堂、风度翩翩。

（1）西装的穿着

西装是男士的正装，在很多场合下都可穿用，因而西装的着装礼仪对于男士而言非常重要。西装按用途，可分为礼服西装、工作西装及休闲西装三类。不同的西装适应不同的场合，在穿着时也各有讲究，男士应特别注意。

① 西装的款式与场合。西装的款式有很多种，市面上大致可以分为两大类，一类是平驳领、圆角下摆的单排扣西装；另一类是枪驳领、方角下摆的双排扣西装。这两类西装中，还有2扣、3扣、4扣、6扣、8扣的区别，一般来说，6颗扣的适合在宴会、办公场合穿，8颗扣的只在丧葬仪式上穿。此外，还有上装后摆开尾与不开尾的区别，一般不开尾的西装适合在中式场合穿。

除此之外，西装又有套装和单件上装的区别。套装适合在较正式场合穿，要求上下装面料、色彩一致，保持整体的和谐和端庄感。这种两件套西装若加上同色同料的背心就成了三件套西装。如果穿套装参加正式的交际场合，套装的色调应比较深，如黑色、藏青色等，最好用毛料制作，以显示穿着者的身份。如果在半正式交际场合穿，比如，办公室的一般性会见等，可穿色调比较浅的西装，如银灰色、灰色等。单件的上装可以在非正式的场合穿，如访友、购物、游玩等，以配合活动的休闲气氛。男士还应选择与上装相配的裤子，要注意衣裤款式、质地、色彩的协调。

② 着装的基本要求。穿西装要求配上衬衫和领带，一般不允许在西装内穿其他衣服，如果是冬季着装，最多只能在衬衫外面添一件V领的贴身羊毛衫。衬衣内除了背心之外，最好不要再穿其他内衣，如果确实有需要的话，也要注意内衣的领圈和袖口一定不能露出来。

西装袖子的长度以达到手腕为宜，衬衫的袖长以比西装上衣袖子长出 1～2厘米为宜，这样可以显得比较活泼而有生气。衬衫的领子不要翻在西装外面，领口也应露出西装领子1～2厘米，可与袖口相呼应，产生一种匀称感。衬衫的下摆必须扎进裤内，如果不系领带，衬衫的领口应稍稍敞开。在正式的交际场合，衬衫的颜色以白色为宜。

领带是西装的灵魂，参加正式的交际活动时必须系上领带。领带的色调与图案应与西装、衬衣的颜色相统一。领带的系法有很多种，目前大致有平结、交叉结、双环结、温莎结、双交叉结、亚伯特王子结、四手结（单结）、浪漫结、简式结（马车夫结）和十字结（半温莎结）十种系法，每种系法的特点与如表1–2所示。领带的长度以不超过皮带扣处为宜，如果穿背心或毛衣时，应将领带的下部放在里面。如果要使用领带夹，其位置应在衬衫的第四、第五个纽扣之间。

表1–2　领带的不同系法及特点

系法	特点
平结	男士最常选用的领结打法之一，几乎适用于各种材质的领带
交叉结	适用于单色素雅且质料较薄的领带，喜欢展现流行感的男士不妨多加使用
双环结	颇具时尚感，适合年轻的上班族选用
温莎结	适用于宽领型的衬衫，领带的质料不宜过厚
双交叉结	适用于素色丝质的领带，有高雅、隆重的感觉，适用于正式场合
亚伯特王子结	适用于质料柔软的细款领带，可配合浪漫扣领及尖领系列的衬衫使用
四手结	所有系法中最容易上手的系法，适用于各种款式的衬衫及领带
浪漫结	完美的结型，适用于各种款式的浪漫系列衬衫及领带
简式结	适用于质料较厚的领带，最适合配标准式及扣式领口的衬衫使用
十字结	结型优雅，适用于细款领带，最适合搭配浪漫的尖领及标准式领口系列衬衫使用

在比较正式的场合穿着西装必须系扣。双排扣的西装一般应将纽扣都系上；单排扣的西装，如是两颗扣的，只扣上面的一粒，如果是三颗扣的，则扣中间的一粒。在非正式场合，可以不系纽扣。但要注意，穿西装时衬衫的袖口必须要扣上。另外，西装的驳领上通常会有一只扣眼，这是插花眼，是参加婚礼、葬礼或出席盛大宴会、典礼时用来插花用的，男士可视具体情况而定。

此外，西装的衣袋和裤袋里不宜放东西，如果要放，也应将东西放在西装左右两侧的内袋里。西装左胸外面的口袋是用于插装饰用的手帕的，不宜在那里插钢笔或放置手机、钱夹等其他东西。西装袖口的商标一定要拆下。穿西装一定要配皮鞋，同时还要注意皮鞋、袜子的颜色与西装的色调统一。

（2）其他佩件

① 手表。在社交场合中，男士所戴的手表常常是其地位、身份、品位和财富的象征，因而在男士的整体着装中有着重要的地位。男士佩戴手表要考虑个人职业、交往对象、交际场合以及个人着装等一系列因素。在正式场合佩戴的手表，造型方面应当庄重、保守，如正方形、长方形等，男性尊者和年长者尤其要避免手表太过怪异、新潮。

在正式场合佩戴的手表，色彩不宜繁杂凌乱，单色、双色手表比较适宜，切不可戴三色或三色以上的手表。无论是单色手表还是双色手表，其色彩都要清晰、高贵、典雅，一般金色、银色、黑色以及表盘、表壳、表带有这三种颜色的手表都比较理想。除了数字、商标、厂名、品牌外，表盘上不宜有其他图案，以免使手表显得花哨、俗气。

手表最主要的功能是计时，因此在正式场合使用的手表应具备精确报时的功能，那些只能精确到时的手表显然不符合要求。另外，男士在正式场合佩戴的手表不应是潜水表、运动表之类的，也不宜有过多的附加功能，如温度、湿度、风速、方向、血压、步速，等等，均以无为好。当然，在非正式场合下，男士可以戴彰显个性与时尚的手表。

② 皮带。皮带对于男士而言，并不是可有可无的服饰，就目前的流行趋势来看，皮带已经开始成为男士品位、风度和个性的象征。男士的皮带可分为工作时使用和休闲时使用两种。经典传统的皮带是金银色亮光、哑光金属环扣和小牛皮打造而成的款式，适合在任何场合下使用。不过，若是参加正式的社交活动，皮带的颜色应以黑色或棕色为宜，宽度一般也不能超过 3厘米，长度应保持尾端介于第一和第二裤绊之间。

男士休闲时使用的皮带则可个性一点、炫目一点，比如，可顺应流行风格对经典款式稍作改动，既可含蓄地流露出时代气息而又不失经典本色；皮带的颜色也可丰富一些，并可加上一些装饰和点缀，以突显男士的浪漫气质。对于年轻男子而言，铁的、粗线条的牛仔皮带，帆布编织的腰带都可体现出自由、奔放、充满活力

的男性魅力，别具风格。不过，无论选择怎样的皮带，都应遵守着装的基本原则，保证皮带的风格与个人身份、整体着装以及所处场合的和谐统一。此外，皮带上不宜挂过多的东西，以免破坏皮带的装饰效果和个人的整体形象。

③ 包。包也是男士佩件中的一大组成部分。男士的包也可分为工作用包和休闲用包两大类。工作用包一般是指公文包，是男士在进行公务活动时用于放置资料、名片、笔、手机等物品的。一般来说，公文包宜选用深褐色或棕色的皮包，而不要选黑色或灰色的，以免显得死气沉沉，更不能选发光发亮或花里胡哨的皮包，以免给人留下不踏实、不稳重的印象。休闲时的用包则可随意选择，比如，运动式的腰包或登山式的双肩背包，等等，都可在不同的休闲场合使用。要注意，休闲包的颜色、款式等也应与衣着及其他佩件相协调，并要与社交活动相适宜。

【案例】

松下与理发师

日本著名企业家松下幸之助从前不修边幅，企业也不注重形象，因此企业发展缓慢。一天理发时，理发师毫不客气地批评他不注重仪表，说：“你是公司的代表，却这样不注重衣冠，别人会怎么想，连人都这样邋遢，他的公司会好吗?”从此松下幸之助一改过去的习惯，开始注意自己的仪容仪表，生意也随之兴旺起来。现在，松下电器的产品种类繁多，享誉天下，这与松下幸之助长期率先垂范、讲究礼仪是分不开的。

谈谈此案例给你的启发。

第二章
青春期心理

青春期是孩子刚刚迈入青春期门槛的阶段，也是他们求知欲最旺盛的时期。在这一时期，孩子的情绪容易波动，他们原本幼稚的思想观念和行为模式逐渐成熟，对异性开始感兴趣和对性的好奇，驱使他们去大胆地探索，通过各种方法来得到他们认为满意的答案。

我国改革开放稳步发展，现代的性教育更为理性，比起以往更加科学、规范。随着西方的性文化不断地渗透，我国人民在谈论性的方面也不再过于忌讳与回避。但是，面对自己的孩子却无从谈起。许多家庭对子女性问题的指导内容、方法都远远达不到青少年的需要。其实，家长们要先从思想上解放自己，不要给“性”披上神秘的外衣。简单地说，性就是一种自然现象、生理现象，所以，应该在孩子可以接受的范围内，向他们介绍有关性别差异、性卫生、性道德等方面的知识。青春期的孩子们，性机能处于从没有成熟到逐渐成熟的阶段，从生物学角度来讲，即人体由不成熟发育到成熟的转化时期。青春期是人体迅速生长发育的关键时期。这个时期没必要把他们看作是孩子，而应把他们当作朋友，以朋友的身份面对他们青春期的到来。根据这一时期孩子的特点，通过性心理分析，家长需懂得随着性心理的萌动，出于对异性感兴趣和对性的好奇心，使得未成年的少男少女容易为情所困。所以，如何帮助孩子度过青春期，是摆在所有家长面前的艰巨任务。特别是已经存在性心理问题的孩子，如何对他们实行有效的性教育，很多家长都会感到束手无策。

青春期性教育，既是素质教育的组成部分，也是发展中国家精神文明建设的一个重要内容。在我国全面实施青少年性教育，必须要转变长久以来的思想观念，充分认识到性教育的意义和必要性。青少年在成长过程中要经过这一特殊时期，有些人不能正确地理解性现象，对“性”不可能全面认识，然而他们精力旺盛，对性特别好奇，性逆反心理又很强，自身性心理自控力薄弱，性道德和性法制观念较差，加上性成熟和身体发育前倾现象，以及现在日益发达的媒介等所带来的信息污染，加剧了青少年心理和生理之间的矛盾，对青春期性心理健康产生不良影响，因此对青少年进行性教育的责任就显得迫在眉睫。青春期性教育，是引导孩子掌握科学的性知识，促进身心健康，防止性犯罪和性侵害的有效手段，也是促进青少年未来和谐生活、家庭美满的前提。

青春期性心理健康

一、青少年的心理特点

青少年期是由儿童向成人过渡的时期，是人生发展变化的重大转折时期，也是人生当中最富有特色的时期。处于这个时期的中职生，由于生理上的迅速发育，特别是性机能发育成熟导致心理上的急剧变化，形成一系列独特的心理特征。中职生的心理发展分为认知、情感、意志、个性发展四个方面。

1．认知的发展

在感知方面，中职生的感知、观察能力在目的性、持久性、精确性和概括性上有显著发展。随着学习动机的激发和智力活动自觉性的提高，中职生逐步学会根据教学和实践任务的要求，较长时间地、集中地观察要认识的事物；在为了完成学习任务必须观察自然现象或社会现象时，他们不仅感知事物的外部特征，而且能抓住事物的主要特征和本质特征，更加全面地感知事物。

在注意方面，中职生的有意注意明显发展，就是对当前不感兴趣或存有困难必须学习的材料，也能集中精力加以注意。在良好教育的影响下，中职生注意的自觉性和保持注意的习惯逐步形成，注意的品质进一步增强。

在记忆方面，中职生的记忆力达到一生记忆力的“黄金”时期。他们记忆的有意性进一步提高，逐渐学会根据不同的教材内容，自觉地提出短期或长期的记忆任务；他们理解记忆的能力随年级增高而不断上升，相反，机械记忆的比重随年级增高而逐渐减少；他们的形象记忆和抽象记忆也在发展，其中，抽象记忆的发展呈稳定增长的趋势，形象记忆的发展在初中三年级后则有所下降。

在思维方面，中职生的思维能力从初中阶段的“经验型”抽象思维向中职阶段的“理论型”抽象思维发展，也就是从需要具体、直观的感性经验支持的抽象思维，向根据理论来进行逻辑思维的抽象思维发展。中职生的思维品质，在初中阶段的独立性、批判性、自觉性有显著增长，但还容易产生片面性和表面性，高中阶段向着思维的深刻性、组织性方面进一步发展，并在一定程度上克服了初中阶段思维的片面性和表面性。中职生喜欢独立思考，追求创新，鄙视陈腐之见或浅薄的认识，日益学会辩证地看问题，但也存在固执己见而不易改变的特点。

在想象方面，中职生想象的有意性迅速增强，想象中的创造性成分逐步增加，想象的现实性不断提高。例如，中职生的作文能够围绕中心思想进行连贯构思，这是他们想象的有意性迅速增强的例证；在文学创作、艺术表现、科技小发明或社会实践活动中，不少中职生特别是高年级中职生，表现出丰富的想象力、较高的创造性和务实性，这是他们的创造性想象和现实性品质日趋发展的例证。

在言语方面，中职生不仅广泛掌握了各种日常概念和生活用语，而且还掌握了很多科学概念和学术用语，掌握了一定数量的“文言”词汇。中职生已经掌握了本族语言复杂的语法结构，语言越来越准确、生动、优美，口头言语和书写言语都达到了一定的修养水平。当然，有些中职生的言语表达还存在着词不达意、堆砌辞藻、不合规范等缺点，需要进一步锻炼和纠正。随着外语学习的普遍展开和不断深入，中职生对语言的认识日益深化，不少中职生通过对本族语和外国语的异同比较，进一步增加了对语言的认识。

2．情感的发展

从中职生情感发展的一般趋势来看，有这样几个显著的特点。一是中职生的情绪高亢强烈，充满热情和激情，活泼向上，富有朝气。二是情感的两极性明显，好从一个极端走向另一个极端，这同中职生主客观矛盾的增多和青春期生理发育有关。三是情感内容的社会性越来越深刻，道德感、理智感、美感的内容与水平日益丰富和提高。四是情感的自我调节和表现形式进一步发展，尤其是高年级中职生，其情感表露越来越带有文饰、内隐和曲折的性质。五是中职生的友谊感迅速增强，并且出现两性爱情的萌芽，这种情况若引导得当，可促进其心理品质和行为的发展，但若处理不当，则会造成一些中职生的哥儿们义气、拉帮结伙、早恋或两性关系上的“劣迹”行为，对这些应引起高度重视。

3．意志的发展

中职阶段学习活动的范围和难度的增加，以及青春发展期生理上的剧变和情感的波动，要求中职生大力增强意志的控制能力。这种客观需要推动了中职生意志品质的发展，使之出现了一些新的特点。主要表现在：中职生意志行动的目的性不断提高，他们对外界或成人指令的依赖性随年级升高而逐渐下降，根据目的任务自觉做出意志决定的水平则随年级升高而递增；中职生克服困难的毅力随年级升高而增强，这同中职生责任感的培养和集体舆论的约束力有很大关系；中职生的其他意志品质，如判断性和自制力，在良好教育的培养下也有很大发展，不过在初中阶段，轻率、冲动的现象还经常可以看到，这需要教育者的耐心引导和帮助。特别需要把意志的培养和情感的调控结合起来，以情炼意，以意制情，在控制情感的过程中锻炼优良的意志品质。

4．个性的发展

就中职生意识倾向性的发展来看，中职生的自我意识发展迅速，并逐渐接近成熟，他们的自我评价能力、自尊心、自信心和独立性等日益明显地表现出来，不过在初中阶段，自我意识的发展还很不平衡，需要积极的引导和教育；中职生的兴趣沿着方向日渐明确，个人兴趣不断扩展和分化，男生一般偏“理”、女生大多重“文”的趋势向前发展，这种情况在中职生兴趣发展的指导中应当引起足够重视；中职生的理想在其形式上，是按照形象、综合形象和概括性理想的水平向前发展的，中职生理想的发展还具有现实性随年级增高越来越强，稳定性随年级增长越来越大的特点；中职阶段也是一个人的世界观从萌芽到初步形成的时期，在这一过程中，中职生对人生意义的理解随年级增高而水平上升。但总体来说，中职生的世界观可塑性很大，尚需在以后的人生道路上继续磨炼和发展。

就中职生个性心理特征的发展来看，集中反映在良好性格特征的锤炼和性格品质的发展上。中职生的学习态度和学习的意志特征之间的密切程度，随年级增高而加深；中职生的性格特征在初中阶段可塑性较大，到高中一、二年级时便趋于成熟或基本定型；在良好环境和教育的影响下，社会化的积极结果在学生性格的发展上反映得越来越明显。因此，抓紧中职生性格成熟或定型前的锤炼或“塑造”工作，是促进中职生良好的个性品质健康发展的重要任务。

总之，中职生身心发展既具有儿童期的幼稚特点，又具有成熟期的特点，在父母和老师眼中有时由于体形、身高的变化被看成是大人，有时又由于不懂人情世故，缺乏生活常识而被当作孩子对待。在挫折面前，他们自己也会感到是处在既不是大人又不是孩子的时期，是哪边也靠不上的时期，也可以说是“上不上，下不下”的极不稳定的半幼稚半成熟的时期。结果在这一时期，中职生出现了三大心理矛盾：性发育迅速成熟与性心理相对幼稚的矛盾；自我意识迅猛增长与社会成熟相对迟缓的矛盾；情感激荡要求释放与外部表露趋向内隐的矛盾。

二、青少年的心理自我调节

针对上述青少年的心理特点，为使自己能够健康发展，青少年必须注意心理上的自我调节。

心理学家艾里克逊特别强调指出，青少年心理自我调节的重要任务就是了解自己，建立起正确的自我认同和坚强独立的自我意识。这就要求：

第一，认真而积极地自我反省。作为成长中的青少年，慢慢会有自己独立的一些见解形成，对待周围的人和事都能以自己的眼光来判断和评价，这些看法来自于对人和事的观察。同样，了解自己和了解别人一样，都要进行一定的观察，观察自己就是反省。反省过程中要注意，一是慢慢学会让思考进入自己的生活，对自己能心平气和地进行分析，包括自己的现状，自己与人相处的状况，自己的一些优点和缺陷，自己整个的人生理想，等等。二是在反省中要避免情绪化，不要为一点小事钻牛角尖，不要过于自信变得骄傲，要尽量用客观的眼光看自己，接纳自己偶尔产生的矛盾心理和孤独感，不需要过多地担忧，并时常提醒自己尽力克服自卑和嫉妒心理。

第二，友善又和谐地与人相处。人际交往在青少年心理健康发展中占有非常重要的位置，脱离人际交往的青少年是不可能使自己健全成长的。通过别人的评价和帮助，青少年可以更多地接受知识和更真切地感受人与人之间的关爱，同时也可以更好地明了自己在别人心目中的位置，及时地改正不足之处，这样可以形成更为完整的自我形象。这对排解内心的矛盾和孤独感也非常有利。

第三，就是接纳自己和完善自己。一般的人都不可能是十全十美，也不可能一无是处。接纳自己就是指不仅仅看到自己的优点，更自信地去学习和生活，而且还指能意识到自己的缺点和不足之处，不是去否定它，而是通过接纳然后想法改进它们，不以自己的优点而自傲，也不以自己的缺点而自卑。这里的关键是要求我们的青少年朋友相信自己是有价值的人，从而全力以赴地去实现自己的价值。

之所以强调自我调节中的自我肯定，是因为它关系到个人今后的发展。

小结：每个人都有长处，有优点。每个人也都会在不同的时候感受不同的心理状态。如果你曾经有过矛盾、孤独、自卑或是嫉妒心理，这也不足为奇，成长中的人谁都不可避免，但成长中的人也都可以借由自己的调节来极大地摆脱这些感觉，让自己充分地发挥出本能的潜力。请记住：成就自己将会是从自信开始，以努力保证。

青春期性心理偏离及预防

一、青少年的性心理

个体最早的性意识产生于两岁左右，这时，幼儿学会了分清性别（分清了哥哥、姐姐，叔叔、阿姨，爷爷、奶奶等两类性别差异），也发现了男女孩的性别差异（通过排尿、洗澡等活动时对自己和异性儿童外生殖器的观察），形成了自己的性别角色意识。到了青春期，青少年在生理方面的发育逐渐成熟。第二性征的出现，使青少年的性意识得到逐渐强化和建立，产生性欲望、性冲动和择偶意识。在这个时期内形成的性观念和性准则，在很大程度上决定了以后性行为的形成。

1．性知识

自20世纪90年代以来，我国在中学生、大学生中普遍开展了性教育。目前，中学生和大学生对基本的性知识，特别是性生理方面的知识掌握情况还比较好，但是对生殖健康方面的知识掌握不好。

一项关于北京市中学生的调查发现，高中生对精子产生器官（答对人数比率为

79.3%）、卵子产生器官（答对人数比率为84.0%）、容易怀孕时间（答对人数比率为43.4%）、何时具有生育能力（答对人数比率为89.9%）、导致怀孕的行为（答对人数比率为97.9%）等生殖健康知识问题的回答正确率都比较高。但是对于部分青春期常识、性病知识和生育节育知识，学生们掌握情况并不好，且存在不少错误之处。

一项关于北京市大学新生的调查发现，只有24.5%的学生知道女性排卵时间多在两次月经的中间，25.1%的学生知道妇女容易怀孕的时间是在月经周期中的两次月经中间，26.0%的学生知道安全期避孕方法并不可靠。知道人工流产在3个月内进行比较安全的有51.3%。有关女性排卵时间的知识，女生回答正确率明显高于男生。男生知道安全期避孕方法并不可靠的比例明显高于女生。

青少年对性知识的获得途径主要是影视作品、书籍、父母、朋友、学校课程、网络等。一项某某市中学生获得性知识途径的调查显示：初中学生最初的性知识来源前五位分别为影视（34.30%），医学书籍（31 .93%），父母（31.93%），朋友（30.96%），同学（29.02%）；高中学生依次为影视（40.04%），同学（39.12%），报纸杂志（32 .72%），父母（31 .25%），朋友（31.04%）。初中学生认为最有用的知识来源前五位为医学书籍（36，03%），医生（27.08%），学校课程（26.21%），网络（20.93%），父母（20.71%），另外，朋友（17.91%）占第8位，报纸杂志（16.40%）排第9位；高中学生认为最有用的知识来源前五位为医学书籍（51.06%），医生（34.51%），学校课程（30 .98%），报纸杂志（22.35%），朋友（19.26%），另外，父母（17.47%）占第7位，网络（14.87%）占第8位。

2．性幻想

性幻想又称“性想象”，是指虚构与性有关的，带有性色彩或性内容的虚构想象，以满足自己对性的心理欲求。根据精神分析学的观点，性幻想的性质与性梦相似，是人们内心被压抑的性欲望的反映，所以性幻想也被称为“性爱白日梦”。

性幻想是性冲动的表现和发泄形式之一，是性成熟的正常现象。青少年由于性生理的成熟，性心理逐渐发展，容易出现对异性的强烈爱慕之情，因此常常想入非非，把在文艺作品或电影电视中看到、听到的两性性爱镜头，经过大脑的重新组合、加工，虚构出自己与爱慕的异性交往的种种情景。性幻想中的对象十分广泛，可以是自己熟悉的人，也可以是文艺作品中的人物，甚至是自己虚构的人物。性幻想一般在入睡前、睡醒后卧床以及闲暇时出现。性幻想过程中部分人会有生理上的兴奋、性器官充血，偶尔可出现性高潮。

一项关于郑州青少年的性幻想调查表明，性幻想初发平均年龄男生为14.95岁，女生为15.37岁，最小年龄男女均为8岁；性幻想发生率男生为89.35%，女生为73.18%。性幻想初次发生的高峰年龄为14～16岁，男生略早于女生。

3．性梦

性梦是指在睡梦中与异性发生性行为。这也是青春期性成熟后出现的正常的心理、生理现象。

性梦的发生率在青少年中是比较普遍的。石磊等人的调查显示：性梦发生率男生为86.55%，女生为52.71%，标准化后男生明显高于女生。另一项关于大学生的调查表明，受试大学生的性幻想及性梦的总报告率为46.9%。男生报告率为56.3%，女生报告率为31.1%，差异有显著性。据国外有关报道，性梦的发生率也是男多于女，男性多发生于青春期，女性多发生于青春后期。

从性梦的对象来说，一般是自己喜欢的异性。石磊等人的调查还显示，受试中45.01%的男生和68.34%的女生梦见自己喜欢的异性，29.01%的男生和15.36%的女生梦见一般认识的异性，25.97%的男生和16.30%的女生梦见自己根本不认识的异性。男女构成差异均有非常显著性。

一般来说，男性的性梦常伴有射精，即梦遗。男性在醒后往往回忆不起梦境的全部细节，女性的性梦与男性性梦的最大不同点是女性在醒后能够回忆起梦境的内容。性梦的发生与睡眠的姿势以及膀胱中积尿的数量没有显著的关系，而与睡前身体上的刺激、心理上的兴奋和情绪上的激发有关，男性的性梦则主要和精囊中精液的充积量有关。

【案例】

某男，18岁，某职校二年级学生。平时性格比较内向，不善与人交往，从没有和哪一个女孩子特别亲近。然而不久前做了一个梦，梦中居然和别人发生了性关系。梦醒后他愧疚不已，感到犯了乱伦的罪过，无颜面对他人。后来又做了一个梦，梦中和班里的女同学发生了关系。潜意识中似乎在证明什么，他不相信自己道德如此败坏，竟这样下流无耻，担心女同学因此受到伤害，以至于不敢面对她。只要她在教室，

他就看不下去书，如果单独与她不期而遇，便会整天心神不宁，强烈的罪恶感使他不能安心学习。他担心自己会变成性犯罪分子，有时还怀疑自己是不是得了精神病，为什么会如此不正常。心理上的负担使他不敢入睡，生怕“旧梦重温”，说又说不出口，想也想不开。试分析该学生的心理。

【评析】

令这位中职学生苦恼不已的梦叫作性梦。这位学生之所以无法自拔的原因是荒诞怪异的梦带有乱伦性质和不存在的可能，使他产生了强烈的内疚心理，以至于怀疑自己，害怕睡觉。人之所以会做性梦，是生理和心理综合活动的结果。梦中的情景，都与梦者平时经验和思想活动有关。由于梦是一种典型的无意想象过程，所以性梦不免荒诞离奇。在性梦中出现的不合常规的性恋动作与性对象既不表明其人格特征，也不表明性梦者的伦理道德修养水平。因而性梦之后完全没有必要自责。解决方法：1.采用认知领悟疗法，减轻他的心理负担和内疚感，并对他的性梦做个性分析。从他的情况看，青春期唤起了对异性的亲近感，而社会规范又使人们必然约束性欲，生理欲望受到心理自律的压抑后，往往会以性梦的方式得以实现。性梦仅仅是梦而已，并不是现实的，既不受梦者的控制，也不会伤害所涉及的人，更谈不到人的人格、道德。2.加强性格基础的培养，使自己的生命能量得到积极合理的宣泄。平时行动多注意以下方面：第一，保持和正常的异性交往。第二，积极参加文体活动和社会实践活动。第三，阅读一些有关生理和心理的书籍，提高这方面的知识水平，增加心理的认识、判断能力。第四，积极扩大人际交往面。

4．手淫

手淫是青春期比较普遍的一种自慰性性行为，指的是用手或某些物体刺激外生殖器官，而引起个体获性快感的一种行为。手淫是青少年中最普遍的自慰现象。国内对北京、上海、重庆等地调查，男女中学生手淫发生率分别为40%～50%和25%～30%。

手淫是柄双刃剑，一方面它可以释放性冲动，缓解性紧张、满足性欲，避免性犯罪和不轨行为。另一方面，过度手淫会给人的身心带来不良的影响。因为性自慰会产生性联想和强迫观念，给心理造成疲惫和压力，从而形成难以控制的性冲动。为了缓解性冲动，就要进行性自慰，这样就形成了恶性循环。

对我国青少年来说，手淫带来的心理压力和问题更多。有调查显示，≤14岁组的男性与女性，认为手淫会对健康产生损害、不道德行为、不了解的比例总和分别达到83.68%、83.85%，与国内多个城市调查的结果90.00%相一致；只有10%以上的人认为手淫是自然现象，是获得性满足的正常行为；偶尔为之并不影响健康，但过度会影响健康。这是因为在我国，青少年从小就被普遍告知，手淫是恶习，是下流的行为，是人格低下、道德败坏的表现。因此，青少年对手淫的认识有较大的偏差，一旦手淫就容易产生自卑、烦躁、焦虑等心理。

青少年正处于身心发育的敏感时期，自我调控能力较差，对手淫不能正确认识或难以节制，都会给学习、生活带来负面影响。

二、青少年性心理发展阶段

幼儿时期的“过家家”，其实就为青春的性心理发展埋下了伏笔，这个时期其实是性意识潜伏期或幼稚期。儿童游戏中的爸爸、妈妈、孩子都处于模仿状态，其中的拥抱甚至亲吻都还没有任何的性意识色彩。这也就是人们说的“青梅竹马，两小无猜”时期。进入青春期，性意识的萌发以及性生理的成熟，使青少年有了“男女有别”之感，过家家的游戏也成了美好的回忆。青春期性心理的发展一般会经历异性疏远期、向往年长异性期、接近异性的狂热期和浪漫恋爱期。

1．异性疏远期

进入青春期的开始一段时间，随着性意识的萌发，使两小无猜的少男少女开始意识到性别的差异，再也不像儿童期那样无所顾忌地在一起玩耍。女生会由于身体的变化而变得羞涩，男生则感觉一夜之间成了男子汉，他们嘲笑女生的胆小与羞涩。男女生开始有意识地躲避和异性伙伴的交往，如果有男生与女生玩耍还会遭受到同性伙伴的嘲笑与讥讽。学校里异性同桌的课桌上还会出现“三八线”这样格格不入的现象。

2．向往年长异性期

也有人称为“崇拜英雄阶段”，此时的青少年开始有怀春的心理出现，此时会觉得同龄异性还太幼稚、太单纯，因此非常向往得到年长者、成熟异性的关爱。如在中学的学生有的会倾慕或暗恋自己有风度、有能力或漂亮的年轻教师。不过，这段时期持续时间不会太长，也不是每个青少年都必须经历的。

【案例】

某职中一位高考班学生，学业紧张，想努力学习，但很多时间无法静心，一位无名女孩的形象时时萦绕脑际，打乱了他正常而有激情的学习生活。很多时候他清楚地知道那女孩不适合自己，应竭力忘掉她，全身心地投入到学习中去，才对得起自己，对得起父母。但他却做不到，无法忘掉她。

【评析】

案例中可以看出，来访者具有一定的评判能力，他知道女孩不适合自己，不是自己想要的女孩，他挣扎、呐喊，竭力想忘记她，好好学习，不能耽误自己，不让家长失望，但始终没有做到。这种正确评判下的失控，正表明了中职生对感情的自制能力差、意志薄弱。这在一定程度上也表明了中职生心理的不成熟。此学生的感情只是一种自然而朦胧的喜欢、盲目而冲动的眷恋，较理智地没有让这种感情以行为方式爆发，只是隐藏在自己内心深处，从这一点看，他具有一定的理性。但他感觉到对女孩的感情分散了他的精力，直接影响了他的学习，且无法自拔，这种缺乏感情自制力的表现是应该给予纠正的。而这种感情自制力的缺乏是现代中职生普遍存在的一个问题。中职生在性生理、性心理发展的情况下，若没有较强的自制力，很容易导致“早恋”，甚至产生“越轨”、犯罪等恶果。所以针对此案例中职生出现的在缺乏感情自制力方面的无助，以及所有像他一样有此问题的中职生提出以下几点治疗建议。

① 正确认识自己性生理、性心理的变化。中职生应正确看待自己由于性意识的发展产生的在异性交往中出现的种种现象，如对异性的关注，对某一异性的爱慕，关注自身的外表、风度，愿意与异性一起工作、学习、外出郊游，等等。这些现象是正常的，不要认为出现这些现象是可耻的，是自己道德存在问题。只有对自己有了正确的认识评价，才能没有包袱，有针对性地解决问题。

② 树立远大理想和明确的奋斗目标。一个人只有树立了自己的理想，确立了明确坚定的目标，才有为之奋斗的热情与动力，并且能排除一切杂念，始终不渝、百折不挠地为实现理想、目标而努力。要知道对你来说什么最重要，什么应放在第一位。作为学生，尤其是案例中的那个男孩，如能将她埋在心底，不让这份感情发

芽，更不会让她打乱你的学习生活，影响你的前途，就可以了。当然最理想的境界是：当你在想起她或看见她时，她不再让你心潮澎湃，而是平静如水。

③ 利用转移法，削弱对某一异性的喜欢、依恋。转移法中的一种是指异性对象转移法，即由与特定一个女孩（男孩）接触转移到与其他许多女孩（男孩）接触。在与众多异性接触交往中，你会发现其实每一个异性都有吸引你的地方，且发现还有比你当时所喜欢的那个女孩（男孩）更优秀的。应该意识到将来你会接触更多的异性，那时才会遇到更优秀、更适合自己的。

3．接近异性的狂热期

伴随着青春期性特征的成熟，女性的阴柔之美与男性的阳刚之魄开始相互吸引，既想吸引异性又为异性所吸引。这段时期的青少年都渴望了解异性，也希望自己被异性接纳。此时，男女搭配时的学习、劳动都会显得特别的积极。女孩子开始注意自己的着装打扮，希望男性被自己的美丽打动；男生也开始在异性面前注意自己的言行，努力表现自己的男子汉气质，希望女生被自己的洒脱吸引。此时的少男少女往往几个人会经常在一起，会感到非常的快乐，还没有形成一对一的恋人关系。

4．浪漫恋爱期

这一时期大约开始于15～16岁，又称为初恋期。随着性生理发展的逐步成熟，恋爱和选择伴侣的性意识开始萌发，这时的青少年在学习中逐渐有了自己单一的爱恋对象，并且希望和对方独处，开始单独约会。此时的恋情具有冲动性和单纯性的特点，一旦“爱”上了往往就会山盟海誓，做事往往凭一时的冲动而不计后果。如果此时恋情受到挫折，会出现大起大落的情绪波动，有的还会导致严重的过错行为。需要指出的是，此时的恋情还是极不成熟的，也是不稳定的。

由此，我们不难看出青少年期性心理的发展具有的特征：由躲避心理到积极的自我表现心理；由性意识的朦胧心理到有强烈性冲动的心理。青少年的性心理特征还表现出单纯性，盲目性和不稳定性等特点。

三、青少年性观念与性角色指导

1．青少年的不良性观念

由于我国性教育的落后以及受一些封建传统思想的束缚，在对性的认识过程

中，青少年可能形成许多不良的性观念，影响其身心的健康发展。

（1）性禁锢论

性禁锢论认为人的性是罪恶的、肮脏的，如果有了性的欲望就是下流的。因此，当出现性的欲望时会努力地去压抑和控制。有的青少年受到这种错误观念的影响，当自己产生性欲望的时候往往会产生恐慌心理，甚至认为自己是卑鄙、下流的。尤其有的女生，由于受到一些关于月经错误说法的影响，认为自己来月经时就是“倒霉日”。这样就更加深了对性的厌恶与排斥。性，其实是人世间最美好的事物之一，女性阴柔之美与男性阳刚之气的结合才有了人类在这个世界上的生生不息。肉体的结合会使两颗心融合在一起，使他们的爱得以升华。在青少年期，有了性的欲望和需求也是非常正常而且应该有的生理、心理现象。此时，要以坦然的心态来面对她，而不是刻意地去压抑。

【案例】

小丽原来是一个学习优秀、性格开朗的女孩。在初中二年级时，一次偶然的机会她在一个杂志货摊前看到了一本印有各种性交姿势的画报。当时，由于好奇就翻看了一下，但是看过以后她感到羞愧而且觉得恶心。从此以后，小丽觉得自己也不是一个“好女孩”了，整天闷闷不乐。可是画面的内容又时时浮现在自己的脑海里，越是不愿去想，就越想得厉害，有时候上课也精神恍惚。小丽觉得自己变得好肮脏、下流，从此陷入深深的苦恼之中……

（2）性放纵论

由于受到西方性解放思想和一些不良影视、文学作品的影响，一些青少年会认为，青春是尽情享受的资本，性是一种享受欢愉的工具。在这种错误性观念的影响下，他们会随便地和异性发生性关系，有的甚至会发生滥交等现象。要明白，青春虽然是一种资本，但她是一种奋斗、制造成功果实的资本而不是享乐的资本。青春更是那么的短暂，把握不好，美好的年华就会逝而不返。性虽然是美好的，但还不是青少年采摘拥有的时候。胡乱地采摘，最后留给自己的只会是伤痛。

（3）手淫有害论

由于受封建思想的影响，有的青少年还有“一滴精，十滴血”的错误观念，认为手淫会损伤元气。即使自己有手淫习惯，在手淫后也会产生恐慌心理。其实，手淫是青春期到结婚之前性能量释放的正常形式。无论从医学角度，还是从心理学和社会学的角度，都已经证明适度的手淫对身体和精神都是无害的。它是人类一种正常的生理—心理活动。但是，每一种事物都有自己的限度，过度的手淫会对身体和精神造成危害。还需要指出的是，女性手淫时一定要注意卫生和安全，以免引起生殖器感染和意外伤害的发生。

（4）错误的贞操观

“初夜见红则全家喜，不见则全家悲”，这是我国古时候判定新婚妻子忠贞的写照，其实也是封建时期男性压迫女性、男尊女卑的表现。处女膜的破裂会由多种原因引起，如手淫、剧烈运动、洗澡不慎都可能造成处女膜的破裂。如果存在“处女膜情节”，会给自己的生活带来许多困扰和心理负担。真正的忠贞是建立在男女平等的基础之上，两个人彼此相爱，相互尊重、洁身自爱，共享性和爱的幸福时光。

2．青少年的性观念指导

形成正确的性观念是青少年在以后的生活中恰当处理自己性行为的心理基础。青少年只有对性具有端正的态度，树立正确的观念，才能够真正有把握并驾驭性这匹烈性骏马，载你驰过美好的青春。

（1）了解性知识

科学性知识的获得不仅是青少年生长发展的需要，也将会是一个人文化素养高低的体现。性知识的掌握，不仅仅是对生理知识的了解，还包括性心理知识、性卫生保健知识、避孕知识、性法律知识等。青少年只有充分掌握科学的性知识，才能够形成正确的性观念，消除对性的神秘感和好奇色彩，对成长带来的性问题有足够的心理准备和应对措施。

（2）树立性道德观

性是件可以随心所欲的事吗？北京医科大学徐天民教授指出，“男女的性爱虽然以性欲作生理基础，属于个人私事原则，但从本质上说性爱也是一种特定的社会关系，而且充满了高尚的道德状态和道德关系。”

性爱是美好的，可是性爱又有自己的道德准线。性爱不仅仅是欢愉，更多的还要有责任。每一个青少年都应该知道性爱之后应该而且必须承担的社会责任。要认识到一旦发生性行为，就意味着个人必须对社会负起夫（妻）和父（母）的义务和

责任。树立了良好的性道德观，有了强大的责任感，青少年在面对性冲动与诱惑时，才能够有一个清醒的头脑，使自己和他人免受性的伤害。

（3）提高对性的审美能力

关于性，在你的眼中还会看到什么？性不仅仅只是男女两者肉体的结合，她还蕴涵着丰富的美。青少年既要了解性是什么，又要学会怎样去欣赏性的美好。正如罗丹所说，“人体，由于他的力，或者由于她的美，可以唤起种种不同的意向：有时像一朵花，体态婀娜仿佛花茎，乳房和面带的微笑、发丝的辉煌宛如花萼的吐放；有时像柔软的常春藤，像劲健的摇摇的小树。”只要你睁开审美的眼睛，人性的美无处不在，婀娜多姿、丰满而苗条的身材是一种美；矫健的身体、轻盈的动作，何尝不是一种美？性的审美还可以升华被压抑了的性冲动，用审美的眼光来欣赏文学与艺术中性的美丽，解除对性的神秘感，岂不是一件顺心舒畅的事？

（4）学会控制自己

青少年时期的性冲动和性欲望是性生理成熟后的正常性心理现象。学会控制自己，一是提高修养，靠自己的理智控制自己的性冲动、性欲望；二是要控制自己，远离性诱惑情景。

① 提高修养，提高自己的控制能力。提高修养是一个人一生都要做的，提高修养的好办法是在业余时间要多读一些自然科学、社会科学或与学习有关的书籍，提高自己的理论文化修养，从内到外提高自己的文明意识和高雅气质。一个文明人，是具有道德情操、道德观念和道德行为的人，这样的人才能够用自己的理智控制自己的行为。

② 青少年要远离性诱惑情景。

一是青少年要拒绝接触性刺激源。色情书刊、音像制品等容易刺激青少年的感官，极易导致青少年产生性冲动，丧失理智，从而做出轻率冲动的行为。因此，青少年要避免看、听有性刺激的书刊、音像……净化身边的性刺激源。

二是青少年要减少与异性独处的机会。青少年要避免和异性到黑暗或无人的地方去。一旦发现自己有生理上的反应，应马上离开该环境，到人多的地方或到明亮的地方，防止自己失去控制能力。

【案例】

小建是正在读高二的一名优秀学生，也是班里的班长。小建班上的学习委员是小林，小林的成绩很好，而且漂亮大方。小建和小林既是工作上的合作伙伴，又是学习上的竞争对手。不知从何时开始，小林的形象渐渐钻进小建的头脑，在他学习的时候、睡觉的时候，脑海里全是小林的一颦一笑。有一次，放学后同学们都走了，教室里只有小建和小林在商量班上诗歌比赛的准备事项。一阵清风飘过，小建突然闻到一种奇特的芳香气息从小林身上传来，小建看看小林，从小林敞开的衣领上，小建看到了小林的白皙的胸部。当时，小建的大脑一片空白，他的手猛地一下就触到了小林的乳房。小林又羞又气，冲出了教室。事后，小建后悔莫及。小林再也不和小建来往了。

青少年必须正确对待性冲动。要认识到性冲动是一种正常的现象，并学习相关性知识，让性功能正常发育，同时又要提高自我控制、自我约束的能力，在出现性冲动时要学会用理智控制自己。

（5）多参加集体活动

青少年要积极参加各种集体活动，在集体活动中进行正常的异性交往。丰富多彩的社交活动可以使青少年对异性的好奇心理、接近心理得到满足，消除因缺乏正常交往而造成的对异性的神秘感和好奇感，从而使青少年对异性的心理反应趋于正常化。在集体活动中与异性交往时要注意遵守交友的原则，掌握交往的方法和讲究分寸。

3．青少年性角色发展

（1）青少年性别角色发展阶段

人对性别角色的认识和辨别其实很早就出现了，大约在两岁时，幼儿就从大人的言语中对自己的性别有所认识，知道自己是“男孩”还是“女孩。到4～5岁时就知道了不同的性别身体构造是有区别的。进入青春期，少男少女对性别角色的认知会变得越来越清晰，并对自己是否符合性别角色变得非常敏感。到青少年后期基本形成稳定的性别角色观念，并用其来调节自己的行为方式。青少年性别角色的发展大体经历以下三个阶段。

① 性征发育促进期。进入青春期，身体性征的快速发展，使青少年迅速意识到了性别的差异，这一时期也正好与“异性疏远期”相吻合。女生在这一时期会变得羞涩、敏感、文静，开始表现出女性角色的特点。男生则会变得胆大、做事果断、独立性强，体现出男性的角色特点。

② 异性期望促进期。进入“接近异性的狂热期”，青少年都渴望接近和了解异性，同时也会对心目中的异性提出期望。女生希望男生有良好的性格、矫健的体魄，有信心，有才智。男生则希望女生有气质，具有温柔、善解人意、情感细腻等特点。为了在异性面前能够表现自己，引起他们的注意，女生开始打扮自己，更加注意自己的言行，努力表现为一个“好女孩”；男生则显得更加活跃，时时表现自己的男子气概，努力成为女孩眼中的“好男孩”。

③ 恋爱行为促进期。进入恋爱期，性别角色的发展基本趋于成熟与稳定。男性会变得更加自信、坚强，遇事有主见，体现出绅士风度。女性则变得更加温柔大方、谦和细心、感情丰富，体现出淑女风采。此时，男孩想给女孩一个依靠的臂膀，担负起保护女孩的男性角色；女孩则会给男孩一个深深的拥抱，体现出女性的细腻与温柔，给男生一种温暖幸福的感觉。

（2）青少年性角色发展中的认同问题

性角色心理认识活动是性意识形成和发展的重要过程。性角色认同可以反映不同性别的男女同学与异性在社会活动中交往方面的态度。在性角色的认同过程中，青少年容易出现的问题主要存在两个方面：性角色认知混乱和性角色异化。

① 性角色认同混乱。进入青春期，大多数青少年都会意识到自己和异性的性别差异，都会按照社会赞许的标准做出与自己性别相符合的行为，使自己更像一个男孩或女孩。然而一些青少年由于受到外部环境和自身因素的影响（如家庭环境的影响，家长的期望，自己身体素质的影响等），不能正确认识怎样扮演与自己性别相符合的角色，使自己的行为与其性别相脱离而造成性别角色认同的偏差（如有的男孩子行动扭扭捏捏，细声细气。有的女生则行为大大咧咧，和男生打成一片）。

【案例】

王海强和马小丽是同班同学，他们都为自己的绰号而苦恼。王海强被称为“小姑娘”，因为他平时内向、敏感、羞涩、说话细声细气，文弱得宛如一个女孩子。马小丽则恰好与他相反，因为性格外向、大胆、刚烈，颇有几分男孩的气质而被叫作“假小子”。在小学的时候，两人倒认为没什么，到了初中就觉得“别有一番滋味在心头了”，他们想努力改变自己，却又显得欲盖弥彰，有时候有的同学竟忘记了他们的真名字，这让他们感到非常的恼火与尴尬。

② 性角色异化。性角色异化是指对自身性别角色的否认，不喜欢自己的自然性别，强烈地想要成为异性。男的向往成为窈窕淑女，女的愿作英俊少年。性别异化也称性身份障碍或性别同一性障碍。性角色异化是性心理身份或性别意识的严重颠倒。引起性角色异化的原因既可能有生物因素，也会有外部环境的影响，但更多的体现为性心理异常。

【案例】

小陈的妈妈非常喜欢女孩，小陈从小被家人当作女孩抚养，给他穿女孩的衣服，玩女孩的洋娃娃等玩具。从小学到中学，他都自认为是女孩，他也以做一个女人为荣。青春期前后，他的女性愿望更加强烈。进入大学以后，他的女性化明显，平时化妆，戴手镯、项链等饰物，喷香水，模仿女性声音、举止，经常幻想以女人的身份结婚成家，尽妻子的责任，侍候丈夫。内心非常渴望获得男性的性爱，喜欢本班一男同学并向对方透露了自己的隐私，遭到对方的拒绝。他既不能以女性身份生活，情感上又得不到满足，为此痛苦不堪，几次想走上绝路。在经过长期的煎熬后，小陈决定做变性手术，实现其做女人的理想。

像小陈这样的性角色异化者在生理上是正常的，只是性心理不正常。性角色异化的青少年在自身性别无法改变的情况下，会像小陈一样，产生对自己的性别的憎恶，内心十分痛苦。如果不满足其性别转换的要求常具有强烈的自杀或自残倾向。目前，性角色异化患者多依赖于心理治疗，但是效果不明显。

4．青少年的性角色指导

生理的性别是由先天物质基础而决定，然而对自己性别角色的认同却是后天一个社会化的过程。青少年期是心理性别角色认同的一个重要时期，只有达到心理和生理角色认同的相互统一，才能够悦纳自我，保持身心健康的发展。

（1）坦然接受自己

“金无足赤，人无完人”,每个人都会有自己的缺点和短处，没有一个十全十美的圣人。人的性别也是如此，各有其优缺点，男性有男性的魅力之处，女性有女性的闪亮之点。所以青少年在成长的过程之中应该坦然地接受自己的自然性别，用一种平静的心态面对成长给自己带来的快乐与烦恼。成长的烦恼偶尔会带给你对自己性别的不满，也是正常的现象。那时应该学会积极地调节自己的情绪，必要时请求心理咨询老师的帮助，使自己走出烦恼的困扰。

（2）参与同伴活动

心理学家研究证明，同伴活动在性角色认同和扮演中起着重要的作用。因此，每个青少年都应该积极参加同伴的各种活动。在这些活动中。你会自然地学到怎样扮演好自己的性别角色，把握好与同伴（尤其是异性同伴）交往的尺度，使你更充分地认识自己所扮演的性别角色。那时你可以体会到自己应该扮演的人生角色原来是这么有意义。

（3）学会忘记过去

很多角色认知混乱的青少年都是因为家庭环境的影响造成的，往往是家长对童年子女的角色期望与他们的实际性别不相符，而导致男孩子 “娘娘腔”，女孩子“大大咧咧和粗鲁”。青少年应该有重新认识自我的信心，忘记以前父母对自己的“错爱”。重新审视父母对自己的错误性别角色要求，大胆地对父母的错误观念和做法说“不”，从而找到真正属于自己的性别角色。

（4）积极需求帮助

具有性角色认同偏差的青少年，往往会变得比较孤僻，脱离同伴群体。由于受到同学的嘲讽觉得难以自拔。此时，就应该积极地寻求心理咨询或辅导老师的帮助。咨询老师应该根据实际情况施行有效的咨询和行为辅导训练，使青少年顺利地走出性认知的误区，早日找到与自己性别相符合的性别角色。

青少年恋爱指导

一、青少年恋爱心理特点

青少年恋爱心理特点与年龄有着密切的联系。中学阶段和大学阶段的青少年的恋爱各有特点。

随着生理的性成熟，中学生的性心理悄然地发生着复杂的变化。他们开始对性具有强烈的好奇，对异性产生强烈的好感，于是关注异性、亲近异性，产生爱慕和追求的情感，开始感受爱慕异性带来的怦然心动和依依不舍的情绪感受。不过这种正常的青春期的异性吸引，常常会因为中学生的幼稚性和冲动性，转变成为中学生的恋爱。中学生的恋爱具有以下特点。

1．朦胧性

“爱情是一首优美的诗，是一幅迷人的画，是一曲醉人的歌。”中学生的恋爱也具有爱情的这种美好感觉。不过，学生的“爱情”还不是真正的爱情，更多的是一种异性好感，这种异性好感还处于一种朦胧状态中。在这一时期的青少年受暗示的意识性比较强，同时也渴望得到异性的欣赏，往往会把这种朦胧的好感当作爱情的降临。

【案例】

小娟是某中职二年级的学生。有一天，她突然发现自己的书包里有一封信。小娟怀着忐忑的心情把信打开，信中的甜言蜜语让小娟的心怦怦直跳。写信者是班上的体育委员。他个子高高的，篮球打得非常棒，很多女孩子都对他有好感，小娟喜欢他很久了。面对这突如其来的“求爱信”，小娟觉得幸福从天而降，内心的喜悦无法言表。以后的几天，她刻意回避了他的眼睛，回避了他眼神中的询问和焦虑。可是那几天却让小娟感受到了从未体验过的幸福，感受到温柔的阳光紧紧包裹着自己。她想，也许这就是爱情！

像小娟这样的例子在中职学生中是比较普遍的。几乎每一个中职学生都会在学生时代产生对异性的好感，并在独自的想象空间中进行加工，让自己体会一种全新的情绪体验——迷醉、兴奋、甜蜜，宛如云中漫步。这种朦胧美和幸福感让中职生增加了新的情感。

2．单纯性

中职时的情感很单纯，没有任何的杂念，没有任何的附加条件，甚至有时候追求那种柏拉图式的纯粹精神的感觉。这种单纯性有时候还带有一定的幻想成分，也充分体现了青少年渴望纯真爱情的愿望。

3．盲目性

由于中职阶段的青少年身心的发展没有完全的成熟，其恋爱观和人生价值观等都处于发展之中，此时的恋情带有很大的盲目性，往往是好奇心的驱使或者同学的

撮合而爱恋异性；有的也会因为某一偶然的事件使两个人互相产生好感；也有的是为对方的气质、美貌、口才、体魄等所折服，身不由己地想要和对方接近……

我国学者李鹰对山东省六所中学初一至高三学生的调查表明，54%的学生认为中学生恋爱是“出于好奇，想试试看”，约20.5%的学生认为是“感情需要”，13.9%的学生认为恋爱是“弥补精神空虚”，7.1%的学生认为是为了“满足性的欲望”。可见，中学生的恋爱没有明确的恋爱目的，没有恋爱规划。很少有人会在中学阶段的恋爱中仔细考虑什么是真正的爱情，如何处理恋爱和学业的关系，怎样应对今后的家庭生活等问题。

4．冲动性

虽然中学生的恋爱不是真正的恋爱，但是中学生本人却并不这样认为，而且一旦他们确定了恋爱关系，进入恋爱角色后，他们的情感往往如破堤之水难以抑制。用俄国著名文学家屠格涅夫的话来说，它是“一种会燃烧的无法抑制的感情”。这种强烈的、易冲动的情感促使他们对恋人产生强烈的亲近欲望，与恋人相处的时候表现得特别兴奋和冲动。这种情感的冲动性特点容易使不成熟的中学生丧失理智，过早偷食禁果，发生越轨行为。

【案例】

小玉考上了省城的某中职学校，她第一次离开了父母，开始了独立生活。由于她初次在外生活，什么都不会，住校生活的枯燥和学习的重压让她感到喘不过气来。这时，高年级的小林出现了，他温柔体贴，帅气潇洒，处处谦让，小玉和他的关系越来越好。在一个晚上，小林吻了小玉。此后，小玉就认定自己是小林的人了，为了表达自己的爱，小玉和小林发生了性关系。从此，小玉的心就没有平静过，她的眼里、心里全部塞满了小林的影子，再也没有心思学习了。

像小玉这样在中职阶段就发生性关系的学生人数已经越来越多。而且这些学生中大部分都认为自己是为了纯真的、浪漫的爱情自愿付出这人生的第一次。当冲动过后，激情退去，留给他们的更多的是自责、害怕、自卑、痛苦。如果女生一旦怀孕，则恋爱双方都惊慌不已，而男生大多不敢负责。

5．隐蔽性

由于我国社会对中职生恋爱持不支持态度，所以大部分有恋爱关系的中职生在恋爱的时候都尽量回避父母、老师和同学。他们常常采用书信、电话、短信、电子邮件等方式来传递感情。这种隐蔽性其实也反映了中职生的“心理闭锁性”，他们希望有自己的独立空间。中职生恋爱的隐蔽性使成人难以及早发现，容易被蒙在鼓里，直至出现问题时，才恍然大悟。

6．逆反性

中职生的自我意识发展迅速，他们的成人感、独立性和逆反性十分强烈。一方面，中职生模仿成人的恋爱行为使他们的成人感意识加强，他们认为恋爱意味着自己的成熟和独立；另一方面，成人在解决中职生恋爱问题的时候，大多采用压制或回避的方法，而这更激发了中职生的逆反心理和好奇本性。父母和老师越是不让他们谈恋爱，他们就越是要在一起，而且愈加亲密。

【案例】

小龙是某中职学校二年级的学生，他和本校的小阳已经谈恋爱一年多了。不知是谁“走漏风声”，小龙和小阳的事情被他们的父母知道了。望子成龙的小龙爸爸一气之下对小龙拳脚相向。小阳的父母也对小阳采取了“隔离”措施。为了反抗父母，小龙偷了父亲500元钱带着小阳离家出走。一个多月的“流亡”时间里，他们白天大多在网吧里度过，一天只吃两顿路边小饭馆的快餐，晚上睡的是低价小旅馆的床位。

7．不稳定性

青少年的身心处于一个急剧变化的过程中，其兴趣、信念、审美观、价值观等都处在不断变化中。再加上中职生的学习压力较大，很多学生会因为自己一时的冲动而后悔，很快改变自己原来的想法。情感的盲目性、片面性也会造成中职生恋爱的不稳定性。因此，中职生的恋情是极不稳定的。昨天山盟海誓的情感，今天或许就已变为历史，明天就会消失在风中。

8．差异性

中职生恋爱存在性别、地域、学校、家庭和学习成绩上的差异。从学生谈恋爱的性别比例上看，女生谈恋爱多于男生；从学校地域看，城市学校学生比农村学校学生多；从学校类别看，职业中学比普通中学多；从家庭构成看，家庭不健全的比家庭健全的学生多；从学习成绩看，学习成绩差的比成绩好的多。

二、青少年恋爱观念与恋爱行为指导

1．青少年的恋爱观念

随着社会的不断变化，以及受到多元文化的影响，当代青少年的恋爱观已经发生了很大的变化，恋爱观的正确与否直接关系到青少年能否采取正确的恋爱行为，也将会影响到以后的人生幸福。

（1）恋爱态度

由于传统文化和学校教育、家庭教育的影响，绝大部分的中职生认为读书期间不应该谈恋爱，但也有部分学生认为应允许谈恋爱。对于恋爱带来的负面影响，85%左右的中职生认为谈恋爱会影响学生的学习，而15%左右的学生认为恋爱对学习没有害处，甚至还有促进作用。一项调查表明，16岁以上的中职生58.6%的人认为恋爱是正常的感情需要，18岁的学生认为自己已经接近成人的成熟水平，“希望得到异性的爱”（38.9%）。

（2）恋爱动机

青少年的恋爱动机多种多样，总体来说青少年的恋爱动机与目的是不清晰的。恋爱的动机具体来说有以下几种：生理冲动，感情寄托，生活照顾，为婚姻做准备，排遣寂寞，排除孤独，好奇，从众，满足一种炫耀感，寻求刺激，游戏人生等。基于以上动机，青少年往往重视恋爱的情感体验，注重恋爱的过程而不考虑恋爱的结果。

（3）择偶观

中职生谈恋爱主要是出于好奇心和对成人的模仿，他们对于今后以婚姻为前提的恋爱对象几乎没有明晰的形象要求。

（4）失恋观

失恋观包括对失恋的态度以及失恋后采取的行为。在失恋的态度和行为上，大部分青少年有正确的态度和理智的行为。一项调查发现，当问及“失恋对自己意味着什么”时，有60.76%的同学认为是“一次浪漫但辛酸的经历”，有21.02%的同学认为是“幼稚，不成熟”，说明大多数都能正确认识失恋，但仍有2.6%的同学认为是“耻辱”。当问及如何对待失恋时，有92.91%的同学表示“能心平气和地接受，但要查清原因，吸取教训，重新开始”，仅有很少一部分“接受不了，非要找对方问清楚”，有的甚至“紧闭心扉，远离爱情以至成为单身贵族”。特别是当问及

“当您感情受挫时，您会轻生吗”？虽然大多数选择了否定的回答，但仍有11.62%的同学不同程度地倾向于肯定。

【案例】

据海南日报报道，5月10日晚11时许，187医院接收了一名喝农药自杀的少女。医生很快发现，这位年仅16岁的王同学，上次就因跳楼自杀在该院治疗过，没想到她9日刚刚出院，10日又寻短见。

据了解，3月的一个周末，王同学的男朋友约她到海口公园游玩。因为王同学不愿意男朋友抽烟，两人发生了争吵并各自回家。中午时分，王同学的男朋友打来电话，提出与她分手。王同学一时想不通，便从家中二楼阳台跳了下去，导致脑挫裂。家人赶忙将她送到187医院治疗，并于5月9日治好出院。

事后，王同学告诉记者，上次住院期间，男朋友没来看过她，因此更感难受。10日深夜，她利用上厕所的机会再次喝下了农药。她说，现在非常后悔。

据医生介绍，幸好王同学喝下的是过期农药，同时家人发现及时，不然后果不堪设想。对学生“恋爱”问题，医生表示忧虑：他们太小，缺乏辨别是非的能力，有时候把一般的感情当作了恋情，并糊涂地觉得殉情很伟大。

相对来说，大学生在失恋态度和失恋行为上比中职生更加理智。中职生由于年龄还小，遇事易冲动，缺乏处理突发事变的能力，挫折耐受力差，因此，当遇到恋爱失败的时候容易出现极端想法，产生报复或自虐行为，从而导致悲剧的产生。

2．青少年恋爱观念的指导

爱情是世界上最美好的感情，美好的东西往往是不可多得的，更应该值得珍惜。爱情是上帝赐给人类的神圣礼物，不可滥用。有人比喻说爱情犹如一瓶圣洁之水，你用一点就会少一点，当遇到你的真爱之时，你留给所爱的人的圣洁之水还有多少？青少年只有充分地理解了爱情的真谛，树立正确的恋爱观，才能够享受幸福的恋爱生活。

（1）爱情观指导

① 学会爱自己。只有懂得自爱的人才会懂得怎么去爱别人，在恋爱中才能够保持真正的自我。

爱自己首先表现在要有正确的自我认知。在热恋中的青少年往往会迷失自我，恋爱不是简单的对所爱的人的附庸，即使感情再热烈，身在其中的青少年也一定要对自己有一个正确的认识和评价，明确自己应该做和不应该做的事情。如果你在爱情之中迷失了自我，也就意味着你最终将失去这份爱情。

爱自己还要尊重和珍惜自己的感情。青少年的爱情是纯洁的、真挚的，需要每个人去珍惜。滥用自己的感情是对自己不尊重的表现，也是对自己人格的一种亵渎。

爱自己还要对自己负责。恋爱不是让青少年放弃自我，而是让爱促进你更加有意义地生活。尤其处于中学阶段的青少年，其主要的任务还是掌握知识、学习本领，更不能因为身陷“爱河”而不能自拔，只有正确地处理感情、学习、生活的关系，才能让自己的生活更精彩和富有意义。

② 学会爱他人。爱不仅仅是一时的冲动，爱他人也是一种艺术，只有好好地把握怎样去爱他人，才会得到别人的爱。

首先，要学会了解你爱的人。一切的交往都是建立在理解的基础之上才会变得和谐，恋爱更应该如此。“一无所知的人什么都不爱，一无所能的人什么都不懂。而懂得很多的人，却能爱，有见识，有眼光……。对一件事了解得越深，爱的程度也越深。” 正如弗洛姆所说的那样，你对自己所爱的人什么都不了解，又何谈去爱呢？了解不仅仅是看到对方的优点而且更要看到对方的缺点，只有全面地了解才能够深入地去爱。

其次，要尊重你爱的人。学会尊重是学会爱的一个基本条件，既然爱他（她）就要给对方一片自由的天空，尊重他（她）的意愿，更不能把自己的意志与行为标准强加在他（她）的身上。

最后，对你爱的人负责。每一份爱情之中都包含了神圣的责任，这种责任会让你的行为更有理智。这种责任感会让你和所爱的人共同承担恋爱中的风险。

青少年只有完全懂得了什么是真正的爱情，并在成长中学会怎样爱自己、爱他人，才能够树立正确的恋爱观。只有做好了充分的恋爱准备，有了合适的爱恋对象，具备了适宜的恋爱时机，才能够去采摘爱的果实。

（2）恋爱观指导

恋爱观是指人们对待恋爱问题所持的基本看法。恋爱观与一个人的世界观、价值观和人生观有着紧密的联系。它是社会经济制度、婚姻制度和伦理道德观念在恋爱问题上的具体表现。青少年应该树立正确的恋爱观，把爱情和责任、义务联系起来。

① 恋爱态度指导——恋爱要选择合适的时机，恋爱时态度要真诚、专一。

（a）恋爱要选择合适的时机。进入青春期的少男少女们有一天，会突然发现自己喜欢上了一个男孩或女孩，脑海中时刻都是挥之不去的他（她）的身影，他（她）的影子让你欢喜让你忧。有时候你不想这样，但是却收不住思想的马缰。其实，这种想法和情感虽然没有错误，但是，中学生稚嫩的双肩还担负不起爱情的重担。因此，中学生应该把这份感情深深地埋藏在自己的心灵深处，让他（她）成为你成长的动力，那将是一笔巨大的青春财富。等到瓜熟蒂落时，再摘取美好的爱情果实。

（b）恋爱时态度要真诚、专一。在恋爱的时候，要如实向对方说明自己的优点、缺点、思想、性格、理想爱好和其他情况，不要对自己的情况进行掩饰、贴金或隐瞒。这样既有利于双方增进理解、加深情感，也可以获得对方的信任和尊重。

当恋爱关系一旦确立，双方在享受恋爱的幸福的同时，也要承担恋爱的义务，自觉自愿地、全心全意、忠贞不渝地去爱对方。忠贞是爱情心理结构的一个基本的重要的心理因素，也是爱情成功的基础。

② 恋爱动机指导——恋爱动机要健康、纯洁。恋爱的目的不是为了寻找生活刺激、慰藉空虚的心灵、满足性的欲望、追求物质利益等，而是为了寻求志同道合、白头偕老的终身伴侣。恋爱动机是否健康、纯洁，直接关系到恋爱是否能够成功，是否能够建立幸福美满的家庭。在现实生活中，那些因追求物质金钱、追求容貌外形、追求门当户对而遗憾终身的爱情悲剧并不少见。只有建立在高尚纯真的爱情基础之上的恋爱才能够在生活的征途中风雨同舟，患难与共。

【资料卡】

青少年的不良恋爱动机

游戏型

存在这种观点的青少年视恋爱为游戏，认为恋爱只是玩玩，是为了满足自己的各种欲望。有的会朝三暮四，有的甚至发生多角恋爱，对恋爱没有责任感。这样的恋爱，双方不会深入地了解，恋爱的时间也不会长久。结果往往是不愉快的，甚至有的还会导致严重的后果。这种错误的恋爱观不仅会严重地伤害他人，有的还会玩火自焚。

功利型

持有这种恋爱观点的青少年，对他们来说，恋爱只是为了达到某一目的的筹码，如满足自己的物质、金钱、地位的要求而不惜牺牲自己的感情。以这种功利条件作为保证的感情在所预谋的计划达成或满足不了他所需求的条件时就会破裂，消失。这种感情是短暂而不稳定的，也称不上是真正的爱情。

人生体验型

视恋爱为一种必须体验的人生经历，自己或许没有做好恋爱的准备，为了情感的体验而恋爱。“不求天长地久，只求曾经拥有”的思想在持这种恋爱观念的青少年群体中还相当有市场。他们也真心地付出自己的感情，但对恋爱的结果却持无所谓的态度，“牵着你的手，跟着感觉走”“有缘则聚，无缘便散”就是他们对爱情结果的解释。持有这种观点的青少年往往没有很强的责任感，其恋爱成功的概率也不大。

性开放、随意型

受到西方“性解放，性自由”和多元文化的影响，当代青少年对婚前性行为的认可态度越来越明显。有很大一部分青少年认为，恋爱期间，只要两个人都愿意，建立在爱情基础上的性行为是无可厚非的。在这种观念的引导下，处于恋爱中的青少年，很容易因一时的冲动而发生性关系。在一些访谈与调查中发现，在中学就已经发生性行为的已不是罕见的事情。这种性意识的开放性和行为的随意性必定会给青少年的身心带来极大的危害，也会对社会造成不良的影响。

③ 择偶观指导——恋人要有共同的理想，恋人要品德高尚。恋爱对象的选择，是一个非常复杂的过程。由于受政治、文化、经济、家庭、个性等方面的影响，不同的人有不同的选择标准。但是，两个人是否有共同的理想和志向，是否具有高尚的品德和情操则是每个人在择偶时都应该考虑的最根本的因素。

恋爱双方具有共同的理想和志向，在漫长的生活道路上才可能有共同语言，才可能相互支持、相互鼓励。

【参与】 给恋人画像

目的： 明确自己的择偶动机，了解自己的择偶标准

程序：

1. 请你用形容词、词组或句子的形式写出自己选择恋人的五条标准。

第一条：______________________________

第二条：______________________________

第三条：______________________________

第四条：______________________________

第五条：______________________________

2. 请对照自己的标准想一想自己的恋爱动机是否健康？自己的择偶标准是否现实？

④ 失恋观指导——正确归因，心态积极。引起失恋的原因很多，或是因为性格不合、没有共同语言，或是因为一方的变卦，或是因为社会及家长给予的压力等。失恋无疑会给青少年带来巨大的痛苦，这种痛苦也是难免的。但是，青少年在承受这份痛苦之时，应该明白爱情不是一个人的全部，要做到失恋不失志，尽快地从失恋的痛苦中解脱出来，重新找回原来的自我。

认真思考一下感情失败的原因，如果责任在己，就要振作起来，努力地改正自己的缺点，使自我更加完善。如果在对方，也没有必要为这份情感而感到惋惜，俗话说，“强扭的瓜不甜”，爱情更是双方互动、心甘情愿才会快乐的事情，任何一方没有了这种感情，爱情也就失去了意义。再说，“失之东隅，收之桑榆”，把精力投到学习和事业中去，相信总有一天会有更合适的爱情等着你。要是因为他人的品质问题引起的，应该感到高兴，失恋让你看清了一个人的真实面目，不再浪费你的真实情感，岂不是件乐事?

当用一种积极的心态来对待失恋，走出失恋的痛苦时，回头看看，失恋犹如傍晚美丽的彩霞，虽然不可挽留，但至少这种美丽可以留在记忆的深处。这时，可以潇洒地对失恋说，“再见”！充满信心地迎接明天属于自己的绚丽朝阳。

【自我检测】（见表2-1）

什么样的恋爱观是理想的或者是基本正确的？怎样判断自己的恋爱观是否正确？这里向大家推荐一种恋爱自测的方法。量表共有17个问题。

[指导语]每一个问题的下面有4种不同的选择，请你在符合自己想法的那一个字母下打上“√”号，每题只选一种答案。

表2-1　恋爱观心理自测表

1.你想象中的爱情是 a.具有令人神往的浪漫色彩 b.能满足自己的情欲 c.使人振奋向上 d.没想过	a b c d 2 1 3 0	记分
2.你希望同你恋人的相识是怎样开始的 a.在工作和学习中逐渐产生感情 b.青梅竹马 c.一见钟情也未尝不可 d.随便	a b c d 3 2 1 1	
3.你对未来的妻子主要要求是 a.别人都称赞她的美貌 b.善于理家 c.顺从你的意见 d.能在多方面帮助自己	a b c d 1 2 1 3	
4.你对未来的丈夫主要要求是 a.有钱或有地位 b.为人正直，有事业心 c.不嗜烟酒，体贴自己 d.英俊，有风度	a b c d 0 3 2 1	
5.你认为完美的结合应该是 a.门当户对 b.郎才女貌 c.心心相印 d.情趣相投	a b c d 1 1 3 2	
6.你认为巩固爱情的最好途径是 a.满足对方的物质要求 b.柔情蜜意 c.对爱人言听计从 d.完善自己	a b c d 1 0 2 3	

续表

7.在下列格言中，你最喜欢的是 a.生命诚可贵，爱情价更高 b.爱情的意义在于帮助对方，同时也提高自己 c.有福同享，有难同当 d.为了爱，我什么都愿干	a b c d 2 3 2 1	
8.你希望恋人与你在兴趣爱好上 a.完全一致 b.虽不一致，但能互相照应 c.服从自己的兴趣 d.互不干涉	a b c d 1 2 0 3	
9.当你发现爱人的缺点时，你的态度 a.无所谓 b.嫌弃对方 c.内心十分痛苦 d.帮助他（她）改进	a b c d 1 0 2 3	
10.你对恋爱中的曲折怎么看 a.最好不要出现 b.自认倒霉 c.想办法分手 d.把它作为对爱情的考验	a b c d 1 2 0 3	
11.你对家庭的向往是 a.能同爱人天天在一起 b.人生归宿 c.能享天伦之乐 d.激励对生活的新追求	a b c d 2 1 1 3	
12.自己有一位异性朋友时，你将 a.告诉恋人，在同意下继续交往 b.让恋人知道，但不准干涉 c.不告诉 d.告诉与否看恋人的气量、态度而定	a b c d 3 2 1 1	

续表

13.另一位异性比恋人条件更好，且对自己有好感 a.讨好对方，想法接近 b.保持友谊，说明情况 c.持冷淡态度 d.听之任之	a b c d 0 3 2 1	
14.当你迟迟找不到理想的恋人时 a.反省自己的择偶标准是否实际 b.一如既往 c.心灰意冷，甚至绝望 d.随便找一个	a b c d 3 1 0 1	
15.当你所爱的人不爱你时 a.愉快地同他（她）分手 b.毁坏对方的名誉 c.千方百计地缠住对方 d.不知所措	a b c d 3 0 1 1	
16.你的恋人变心时对你采取不道德的方式，你会 a.报复 b.散布对方的缺点 c.只当自己没看准 d.吸取教训	a b c d 0 1 2 3	
17.当你发现恋人另有所爱时 a.更加热烈地求爱 b.想法拆散他们 c.若他（她）们尚未确定关系就竞争 d.主动退出	a b c d 1 0 3 2	
总　分		

[记分方法与解释]

将每一个打“√”字母下的数字填到右边的记分栏，然后将所有题目得分相加，总分在46分以上的说明恋爱观正确，42分以上的基本正确，42分以下的说明恋爱观需要调整。

3．青少年的不良恋爱行为

（1）亲昵行为不当

“误入树林深处，惊起鸳鸯无数。”这句顺口溜其实也反映了一些校园恋爱的真实场景。随着恋爱感情的不断深入以及青少年生理和心理的需求，恋人之间有一定的亲热行为也是无可厚非的事情。但是，许多青少年却没有把握好亲昵行为应有的尺度，有的由于感情冲动而急于与恋爱对方发生亲昵行为，引起对方的反感而影响双方感情的顺利发展。有的情侣则不分场合，在教室、餐厅、图书馆、马路边等大庭广众之下就进行拥抱、爱抚、热吻，甚至相互调情。这种亲昵行为不仅有损于爱情的纯洁和尊严，还把自己和他人推向一个尴尬的境地。

（2）三角恋爱

爱情是伟大的、神圣的，但爱情又是自私的，爱情不同于友情，容不得有第三个人来共同分享。有三角恋爱行为的青少年其实是对自己和他人感情极度不负责任的表现，是一种可耻的行为。或许能够得到一时之欢，但是最后得到的是对自己和他人的伤害，留下的是别人的鄙视和无尽的痛苦。

（3）婚前性行为

婚前性行为作为一个不争的事实存在于青少年的恋爱关系之中。在热恋中的情侣，往往会因一时的冲动而造成令人悔恨的后果。青少年阶段的恋爱处于不断地发展之中，还很不稳定，再加上青少年性知识的缺乏和环境的不允许，在这样的情况下发生性行为，往往会给青少年的生理上造成伤害，心理上造成沉重的负担；第一次性行为还可能会因为紧张、焦虑、担心怀孕、处女膜破裂引发痛苦等给心理上带来极大的负面影响，甚至会影响以后的婚姻生活。婚前性行为还可能引起感情的突变，因为相恋的两个人之间已经没有了对性的神秘、含蓄、神圣的美感，对性有了一种无所谓的心态，失去了对感情继续追求和探寻的内在动力而不再珍惜已经拥有的感情，甚至导致爱情的变异和破裂。

（4）失恋过激行为

失恋无疑是对正在享受恋爱蜜果的青少年的一个沉重的打击。许多青少年因为调节不好自己失恋的状态而做出一些过激的行为。有的整天沉浸在失恋的痛苦之中不能自拔；有的自暴自弃，失去生活的信心，甚至做出轻生的行为；有的则和对方纠缠不

清，甚至违背自己的良心进行打击、报复，损毁他人的名誉等。失恋的过激行为不仅解决不了实际问题，而且还为自己和他人带来更大的伤害，甚至会走上犯罪的道路。

【案例】

周某是某职校二年级的学生，他和同班的王某某已经恋爱一年了，平时两个人的感情很好，一起吃饭、学习、娱乐，一切都那么的开心。突然有一天，王某某提出分手，理由是父母知道了他们谈恋爱的事情，不同意。周某感到非常的伤心，更令他气愤的是，有一天，他发现王某某和一个不认识的男生在一起，两个人的关系显得非常亲密。顿时，周某有种被玩弄的感觉，就气冲冲地冲上前去，在殴打中周某抽出随身带的水果刀刺向该男生，结果刺中对方心脏，经抢救无效死亡。周某为自己的过激行为付出了沉重的代价。事后，周某感到万分的后悔。

恋爱是件美好的事情，但是只有合适的恋爱行为才能够让处于热恋中的青少年享受爱情的甜蜜，在青少年的恋爱过程中一些冲动、过激、不良的行为都会造成不好的影响，给美丽的爱情蒙上一层阴影。

4．青少年的恋爱行为指导

文明的恋爱行为不仅是一个人文明修养、心理成熟的体现，更是有利于促进爱情顺利进展的重要因素，不少恋爱的失败往往源于恋爱过程中的行为不当。青少年在恋爱过程中应该从以下几个方面做起，进行文明的恋爱。

（1）恋爱行为大方，亲昵行为要高雅

在恋爱过程中，言谈要文雅，做到彬彬有礼，讲究语言美；避免出言不逊，污言秽语。行为上要举止大方，不能为了显示自己而装腔作势、矫揉造作。故弄玄虚、卖弄风骚的行为只会引来对方的厌烦和轻视，不利于情感的顺利发展。

恋爱进展到一定程度，相互的亲昵行为是不可避免的，但是，一定要采取高雅的亲昵动作。高雅的亲昵行为会发挥爱情愉悦感的心理效应，使人陶醉而向往。粗俗的亲昵动作往往会令人感到亲昵行为与情感分离，从而引起厌恶的心理感应。

此外，恋爱双方亲昵时还要注意周围的环境，爱情是两个人秘密的、私人的事物，情爱的表达也应该在幽静、较隐蔽的环境中进行。在公共场所、大庭广众之下的不当亲昵行为，往往会令人感到轻佻和尴尬。

（2）忠贞于双方的感情

爱情是神圣的、纯洁的，同时又是自私的。一旦与自己的恋爱对象建立了恋爱关系，就应该忠贞于双方的感情。在恋爱中，应该把握好自己与其他异性之间的交往尺度，不能做出一些令人产生误解的行为，更不能欺骗对方的感情："脚踏两只船"，搞三角恋爱，玩情感游戏。这不仅会伤害恋人的感情，更亵渎了爱情的纯洁和神圣，令人不耻和鄙视。

（3）婚前性行为要谨慎

两性间的性行为是爱情高度深厚和升华的结果。但是，有性关系也不一定就能说明情感的深厚。尤其是青少年的恋情，还要经受长时间的考验。过早的性行为往往会把原来的感情推向进退维谷的境地。所以，青少年在恋爱过程中一定要学会升华爱情，因为除了性爱，爱情给予的美好的东西还有很多。生病时，床前的端茶送药难道不是一种感动？伤心落泪时，给你偎依的臂膀或轻轻的拥抱难道不是一种宽慰？在失败时，给你重新振作的勇气难道不是一种财富？秋风乍起的清晨，一个提醒的电话："亲爱的，不要忘记加衣服哦"，难道不是一种温暖？

此外，青少年还要善于控制感情，理智行事。在恋爱的过程中，出现性冲动也是正常的事情，但两个人在欲火焚烧之前就应该冷静下来，仔细地考虑一下当前的行为，以及这种行为会带来的后果。女生还要善于拒绝，学会坚决地说"不"。如果对方是真的爱你，就更应该会保护你和尊重你，而不仅仅是满足性欲。当然，婚前性行为在青少年恋爱中存在已是事实，这就要求青少年要学习必要的性知识和避孕知识，学会自我保护，尽量减少性行为后的不良影响。

（4）学会排解痛苦

失恋时青少年还要学会正确排解自己内心的痛苦。在自己痛苦的时候，不妨找个要好的朋友倾诉一下，消解心中的苦闷；或者去做一次旅游，让自己身置于大自然的怀抱之中，抒展一下自己的情怀。或者把注意力转移到学习、活动中来，为自己制定具体的人生目标并为之奋斗，使心理得到补偿。

【请你参与】　失恋助我成长

目的：认识失恋的好处，以积极的心态看待失恋，避免过激失恋行为。

指导语：失恋是青少年比较常见的，最大的情感挫折之一。当不得不面对失恋

时，又该怎么办呢？下面我们一起来重新认识失恋。请同学们4～5人为一个小组，共同解决以下问题。

程序：

1．齐心协力，寻找失恋的十大好处

尽管失恋是痛苦的和不幸的，但并非绝对就是坏事，在某种意义上还可以说是好事。请同学们以各小组为单位，分别列举失恋后的好处。每个小组最多可以列举10条建议，之后在全班范围内由全体同学共同评比出最合理、最可行的建议，并将此作为本班同学共同的情感自卫盾牌。

请以下面的句型为模版，完成10句话。

因为我失恋了，所以我获得了____________________

因为我失恋了，所以我获得了____________________

因为我失恋了，所以我获得了____________________

因为我失恋了，所以我获得了____________________

因为我失恋了，所以我获得了____________________

因为我失恋了，所以我获得了____________________

因为我失恋了，所以我获得了____________________

因为我失恋了，所以我获得了____________________

因为我失恋了，所以我获得了____________________

因为我失恋了，所以我获得了____________________

2．七嘴八舌，探索放松失恋心情的开心渠道

尽管失恋后的我心情很不好，但是我不会永远这样的。朋友们告诉我，我可以用以下方法来放飞自己的心情。

方法一：____________________

方法二：____________________

方法三：____________________

方法四：____________________

方法五：____________________

3. 静夜思考——分析失恋的原因

这一次我在________________________________方面没有做好，以后我将________________________________

这一次我在________________________________方面没有做好，以后我将________________________________

这一次我在________________________________方面没有做好，以后我将________________________________

第四节　青春期的人际交往

目前青少年各方面的压力日益增大，导致他们有或多或少的心理问题。在对青少年辅导的实践中发现，绝大多数青少年的心理危机，都是与缺乏正常人际交往和良好的人际关系相联系的。一方面人际交往所需要的技能是个人成长过程中需要得到历练的内容，另一方面人际交往的现状可以反映青少年心理健康的程度，即一个青少年遇到了心理问题，往往首先反映出来的就是和同学、父母等周围的人际关系的紧张。

一、与教师的关系

教师不仅是“传道、授业、解惑”者，而且更主要的是学生走向社会、融入生活的向导。在儿童的心目中，老师是权威的代表。但到了青春期，随着认知能力的提高，学生不再盲目接受任何一位老师，他们开始对老师品头论足。中职时期的教师在学生的心目中是理想的天使、公正的代表，学生希望得到教师父母般的关爱与朋友般的理解。如果教师的认知发生偏差，对学生缺乏关爱、理解、耐心与热情，学生则会由失望进而转化成压抑、敌对、攻击等心理或行为。更有甚者，学生的心理会因此遭到严重的创伤。

中职时期的孩子开始有所选择：对喜欢的老师所讲授的科目，他们会努力地学习；而对自己不喜欢的老师讲授的科目则持排斥态度。如果有一个词可以阐述青春期孩子们人际关系的特点，那么这个词就是——朋友。

二、与父母的关系

在孩子进入青春期以后，以父母为榜样的态度不再继续，他们开始观察到父母也有很多缺点，对父母的依赖逐渐在减少，甚至有了反抗情绪。这种反抗表面上看是针对某些具体的人或事，其实深层的原因是在于对自我曾经“幼稚”的崇拜（以父母为榜样）的质疑，从而产生不自信。此时如若不加以引导是很危险的，他们会表现得目空一切，要么自卑，要么自大，不会尊重他人，只看别人的缺点、只看自己的优点或只看别人的优点、只看自己的缺点。我们要做的是从家庭出发，让孩子全面地了解生活，包括家庭的困难、父母的工作状况；让孩子参与家庭事务的讨论，在做决策时征求孩子的意见。在生活中，用行动告诉孩子——你不仅是家庭中的孩子，你还是家庭中的一员。用对孩子的尊重教会孩子尊重父母，尊重他人。

民主、和睦的家庭氛围可以给孩子提供一个温馨浪漫、和谐舒畅的心灵港湾。在这样的家庭氛围中成长的孩子，健康活泼，富有朝气和进取精神，但这种家庭只占了极少数。社会上更多的是专制式的家庭，在这样的家庭中父母与孩子之间不能进行正常的沟通，父母最关心的是孩子的学习时间和学习成绩，假如孩子达不到父母的期望，轻者怒骂重者殴打，易造成孩子孤僻、专横和反社会的性格。在不良的社会风气影响下，单亲家庭在不断增加，家庭的种种伤痕，会给孩子带来诸多的心理伤害，如被抛弃感、愤怒感、敌视感，更多的是抑郁、敌对、富于破坏性、消极厌世等。

三、与异性交往

在青春期，学生的生理、心理发展迅速，但社会经验和生活阅历不足，由此会产生许多令人头痛的问题。对于中职学生而言，面对的异性交往问题尤为重要。青春期的少男少女们正处在对异性感兴趣的时期，这是生理和心理成熟的必经之路。正常的异性交往有利于学生的个性发展，有利于增进对异性的了解，有利于丰富自己情感的体验；既能扩大社会交往的范围，掌握人际交往的能力和技巧，又能在学习上得到异性同学的帮助。

1．与异性交往的心理发展阶段

（1）异性疏远期

从青春期开始，男女少年对两性的一系列差别特别敏感。男女界线分明，如低年级初中生的“课桌三八线”现象；羞涩、不安与反感常常萦绕在他们心头，在彼此交往中已深深地感到某种“隔阂”。

（2）异性接近期

由于性的渐趋成熟，青春男女由开始的对异性的疏远，发展到对异性的好奇和相互接近的渴望。但是这时期对异性的好感仅是一种对性的朦胧的自然表现，一方面感到困惑和不安；另一方面又渴望接近异性。青年初期，情窦初开，异性之间的疏远在逐渐缩小，产生了彼此接近的情感需要。男女青年开始关注异性对自己的态度，为博得异性的好感而表现自己。他（她）们常常以欣赏的眼光和友好的态度，来对待异性的言谈和行为。

（3）异性向往期

这一时期，往往以各种主动的方式对异性表示好感，希望得到对方的积极反应。女性会着意装扮，她们总觉得异性注视着自己，言谈举止显得紧张、腼腆；男性常常有意在异性面前显示自己的风度、才华和能力。这个时期有两个重要特点：一是感情隐秘，异性间接触时感情交流是隐晦的、含蓄的、不显露的，常常以试探的方式进行，缺乏真正感情的交流；二是对象广泛，不是特指的异性，呈现出不确定性。

2．与异性交往的类型及影响

为了对中职学生的异性交往产生更积极、更有效的引导作用，我们有必要弄清中职学生交往的类型及影响。根据中职学生异性交往的性质和程度，可分为同伴交往、单恋、互恋、性关系等多种类型。

（1）同伴交往

进入青少年期后，个体开始疏远成人而热衷于同伴交往，对同伴倾注了越来越多的感情，同时萌生了与异性交往的强烈欲望。由于座位安排、学习或班、团工作的需要，男女生之间的接触显著增多。现在校园里认哥哥和认妹妹蔚然成风，备受

男孩女孩青睐。他们很容易成为朋友，但随着时间的流逝或者座位、职位的变动，他们在一起的时间、机会少了，也就慢慢地疏远了。不久，在他们周围又有了一圈新的朋友。但是男女生之间的交往，由于那些不着边际的流言飞语，很容易被人误解和议论。

（2）单恋

单恋是指一方对另一方的以一厢情愿的倾慕与热爱为特点的爱情。单恋多是一场情感误会，是青少年“爱情错觉”的产物。青少年心理尚未完全成熟，所以单恋现象比较常见，而且较多地出现在性格内向、敏感、自卑的人身上。如果一味地沉溺于单恋之中，会磨掉自己宝贵的上进心和锐气，还徒然浪费许多宝贵的时间。单恋对个人造成的影响可能并不是一时的，而是一生一世。

（3）互恋

由于青春期的萌动，少男少女们一旦把持不住，就会陷入一对一互相的热恋之中，即所谓的“早恋”。“早恋”是最令家长和老师感到困扰和担忧的问题。职高时代是身心巨变的时代，职高生控制不了自己内心的变化。他今天喜欢张三，明天喜欢李四。所以，绝大多数中职生的恋爱只开花不结果，“短命”是常见现象。这种消极的异性交往会导致许多负面效应。“早恋”的中职学生往往为了取悦恋人在生活上追求高消费，衣服鞋帽讲名牌，为此挖空心思向家长骗取钱物，增加了家长的负担，在同学中也会造成攀比等不良的影响，还会败坏班风、校风、社会风气。对学生自身来说，也会影响其正确世界观、人生观、价值观的形成。

（4）性关系

中职阶段是孩子生长发育的后期阶段，对异性产生爱慕渴望，有性要求，这都是正常的。而在与异性消极交往的过程中，双方一旦失去理智，则极有可能超越防线，早尝禁果，发生性关系。中职学生由于学习要求不高，学习压力不大，实际操作能力强，较早接触社会，所以他们中发生性关系的可能性比普高生大。但过早发生性关系，对青少年的危害很大，甚至可能对他们产生一生的影响。

3．如何引导异性交往

处于青春期的青少年对异性产生好奇和好感，愿意与异性接触，彼此向往，想方设法与有好感的异性接近，这种彼此爱慕、彼此接近是一种生理反应、一种要求和冲动，也是特定年龄阶段性心理发展的正常表现。所以，教师对学生应该多一点理解，多一点了解，注意区分异性同学一般交往和交往过密、友谊与爱情之间的界限，不要动不动就扣上“早恋”的帽子，以免对学生造成心理压力和伤害，或诱使他们假戏真做，产生不良后果。如果青少年真的“早恋”了，教师首先必须在心理上承认这不是什么见不得人的丑事。“早恋”的学生也不是坏学生。“早恋”只是一种正常的心理现象，而不是道德品质问题。对“早恋”的学生，教师不应该孤立、打击，也不能放任自流，而应该倾注更多的关心和引导。

其次，教师要对学生进行正面教育。

① 开展各种丰富多彩的集体活动，使学生在轻松、愉快的体验中找到快乐。比如，举办心理卫生知识竞赛、演讲比赛、辩论赛等校园文化活动，让同学们参与其中，培养积极的交往心理。除此之外，还可根据学生的特点，帮助他们培养业余的爱好、发展自己的兴趣特长，使他们感受到生活的充实和乐趣。学生一旦找到生活中的寄托，就有助于提高自我要求，加强自我调控，克服心理障碍，从而正确处理好与异性之间的关系。

② 以黑板报形式摘录有寓意的文字，组织学生分辨、讨论，提高学生的认识，在具体的做法上可采取三点：一是“跳”出来，既然早恋无异于饮鸩止渴，那么，就应使学生学会用理智去战胜情感，主动“跳”出恋爱的旋涡。二是“冻”起来，使双方在理智的情况下表明态度，把早恋的情感“冷冻”，把精力集中在学习上。三是“隔”开来，为达到这一目的，可以采取一些行之有效的方法。

③ 加强性教育，发展健康的性道德感。性成熟带来的好奇探究是引发异性交往过密的心理准备条件。“一切无知都是令人遗憾的，但是，对性这样的事无知，则是严重的危害”。现在的中职生崇尚个性，对纪律、规范之类的词比较反感，在对其进行教育引导的时候应尽可能少说教，多层面渗透或引导。从学校的角度来说，除了通过开设性教育课程及各种教育渗透的主渠道外，还可以适当举办青春期系列讲座、团体心理辅导、拓展训练等活动，巧妙地运用学生能理解的方式，有计划、有步骤地帮助他们明确性别角色意识，了解性生理、心理，打破蒙昧的神秘感。同时，要引导他们自己的思考与体验，自觉地将教育要求转化为自己的愿望，提高其性道德水平。只有这样，才能使陷入恋情的学生在实践中对自己的行为主动进行自

我矫正和转移。

最后，多与家长交流，争取家长的配合。尽管多数中职生的家长对孩子的教育不得法，但他们毕竟还是关心自己的孩子，且对孩子异性交往的问题非常重视。所以，对有消极异性交往的学生，除了尽早通知家长，寻求家长的配合外，还要教给家长方法，使他们能正确地对孩子进行青春期的健康教育，避免过激或消极的反应。

总之，中职学生的异性交往是中专生涯阶段一种常见的现象，无论出现怎样非正常的异性交往，无论对什么样的学生，教师都要遵循一个原则：尊重学生，理解学生，用真诚的教育换来学生的理解，用恰如其分的引导成为学生成长道路上的指路标，引导学生走出这一段青春的迷惘。

4．中职学生异性交往中“早恋”的突出心理问题

（1）选择的困境

中职学生面临突如其来的情感，往往有些不知所措，心中充满迷惑和犹豫。主要表现在以下几个方面：①不知道应不应该谈恋爱。这类学生往往还没有自己喜欢的异性，但看到很多同学在谈恋爱，就产生了自己是不是也该去谈恋爱的想法。②自己爱上了别人，但不知道对方是不是也爱自己，想表白心迹，又怕遭到拒绝，左右为难。③不知道如何拒绝对方的求爱，特别是面对那些相信精诚所至、金石为开的求爱者，更是束手无策。④在恋爱的过程中发现对方不适合自己，而对方依然还爱自己，不知道如何提出分手才不会伤害对方的自尊心。

（2）单相思与爱情错觉

单相思是指异性关系中的一方倾心于另一方，却得不到对方回报的单方面的“爱情”。爱情错觉则是指在异性间的接触往来关系中，一方错误地认为对方对自己“有意”，或者把双方正常的交往和友谊误认为是爱情的来临。爱情错觉是单相思的另一种形式，它常会使当事人想入非非，自作多情。

单相思与爱情错觉都是恋爱心理的一种认知和情感的失误。单相思使某些学生陷入痛苦的境地，处于空虚、烦恼，甚至绝望之中。处理不好对今后的恋爱婚姻生活都会产生消极的影响，因此，陷入单相思的中职学生要及早止步另做选择。要想克服单相思和爱情错觉，就应正确理解爱情的深刻含义，用理智驾驭情感，尊重对方的选择，不可感情用事。

（3）恋爱目的盲目

在恋爱动机上，有的中职学生并没有很清晰的目的，恋爱似乎是一种时髦，只是一种对恋爱情结的满足，恋爱目的不是出于爱情本身，而是为了弥补内心的空虚、孤独或随大流的从众心理。这些学生在择偶时很少把恋爱行为与婚姻结合起来考虑，缺乏责任感。比如：①为了满足好奇心。中职学生处于青春期中后期，生理机能基本成熟，心理机能趋于成熟，精力充沛，渴望与异性交往，以满足生理上的好奇心。于是，以好奇的心理来谈恋爱。②为了排解寂寞。文化生活单调、枯燥乏味，对人际关系适应性较差，以致感到孤独、无聊、空虚、寂寞。一些学生为了释放多余精力，寻求精神快慰而谈恋爱，即为摆脱寂寞而恋。③为了消磨时光。进入了中职学校后，有的学生新的理想仍未建立起来，出现了理想真空地带，表现为混日子，得过且过。由于缺乏学习动力、目标，因而转到谈情说爱，以消磨时光，寻求快乐。④为了追求性刺激。当前社会风气的影响，尤其是网络中不良性信息随处可见。另外，中职学生的两性观受西方的“性自由”“性解放”思想的影响，把追求感官刺激作为与异性交往的原因与目的。

还有极少数的学生为了显示自己的魅力，同时和几位异性同学交往、周旋，搞多角恋爱，甚至和谁都不确定恋爱关系。中职学生这个特殊社会群体，未来的生活存在不确定性，毕业分配和就业还是个未知数，毕业后也有可能天各一方。因此，部分中职学生会抱有“不求天长地久，只在乎曾经拥有”等动机，不端正恋爱心态。

（4）失恋

失恋是指恋爱过程的中断。校园爱情往往是短暂的恋情，失恋成为越来越普遍的现象。失恋带来的悲伤、痛苦、绝望、忧郁、焦虑、虚无等情绪使当事人受到伤害。这是人生中最严重的心理挫折之一。有些中职学生心理承受能力较弱，不能及时化解由失恋所引发的消极情绪，往往会产生一些不正常的现象，甚至导致身心疾病。有的同学失恋之后，丧失信心，放弃对爱情的追求；有的人一旦失恋，就一蹶不振，认为一切都失去了意义，以至于悲观厌世；有的人视对方为仇人，肆意诽谤，或做出极端行为，造成人身伤害。因失恋而失志、失德者虽属少数，但影响很大。

（5）网恋的流行

随着网络的普及盛行，网络成为中职学生生活中不可缺少的组成部分。于是各种

网络联络方式，比如QQ、MSN、POPO、雅虎通等及时聊天工具，各种网络聊天室、交友网站，电子邮件，等等，受到中职学生们的青睐。利用网络进行的交往更加频繁，网恋也由此而生，成为一种新型的亲密关系形式。与传统的恋爱方式相比，网恋是新奇的，有其独有的特色。这种特殊的恋爱方式，正在成为当代中职学校缘分的天空。但是由于网络的虚拟性，降低了网络交往的真实性，增加了交往的风险。再加上中职学生思想过于单纯，缺乏自我保护意识，很容易在网络交往中上当受骗。

第五节 爱情与婚姻

一、爱情心理概述

1．爱情是什么

爱情，是人类永恒而常青的主题。在不同的时代，人们对它有不同的感受；在同一时代，不同的人，对它也有不同的感受；即使是同一个人，在不同的时期对于爱情的感受也不会完全相同。只要有人类存在，就必然有爱情问题。爱情虽然是人类社会十分普遍的情感，但要想把爱情解释清楚却不是一件容易的事，就连古今中外的大智大贤者，也不免众说纷纭，莫衷一是。

奥地利著名心理学家阿德勒给爱情所下的“不完整”的定义是这样的：“爱情，以及其结果的婚姻，都是对异性伴侣最亲密的奉献，它表现在心心相印、身体的吸引，以及生儿育女的共同愿望中。我们很容易看出：爱情和婚姻都是合作的一面——这种合作不仅是为了两个人的幸福，而且也是为了人类的利益。”

心理学家弗洛姆认为：“性爱是对另一异性的完全融合，结为一体的渴望。从其本性来说，它是排他的，不具有一般特性的爱。它也许是所有形式的爱中最靠不住的。”

人本主义心理学家罗杰斯（Carl Ransom Rogers，1902—1987）说：“爱是深深的理解和接受。”马斯洛（Abraham Harold Maslow，1908—1970）认为：“爱的需

要涉及给予和接受爱，我们必须懂得爱，必须能教会爱、创造爱、预测爱。”

恩格斯在其名著《家庭、私有制和国家的起源》一书中明确地提出了爱情的定义。他认为，所谓爱情是指两性间的特殊感情关系，即性爱。但是“现代的性爱，同单纯的性欲，同古代的爱，是根本不同的。第一，它是以所爱者的互爱为前提的，在这方面，妇女处于同男子平等的地位，而在古代爱的时代，绝不是一向都征求妇女同意的。第二，性爱常常达到这样强烈和持久的程度，如果不能结合和彼此分离，对双方来说即使不是一个最大的不幸，也是一个大不幸：仅仅为了能彼此结合，双方甘冒很大的危险，甚至求生命孤注一掷，而这种事情在古代充其量只是在通奸的场合才会发生。恩格斯的这个爱情定义是十分精辟的，他不但认为婚前应该有爱情关系，而且认为婚后也应该有爱情关系。现代意义上真正爱情的实质，就是在两性平等互爱条件下的那种最真挚、最强烈的渴望彼此结合的一种高尚的道德感情关系。

对爱情的解释的多样性足以说明事物本身的复杂性，同时对爱情的不同解释也代表了人们对爱情的不理解和多样的爱情价值观念。

2. 爱情与喜欢的区别

社会心理学家鲁宾（Z.Rubin）对爱情与喜爱的联系与区别进行了系统研究。他发现爱情不是喜欢的一种特殊形式，喜欢与爱情是两种既相互密切关联但又各不相同的情感。的确，生活中“我喜欢他（她），但不爱她（他）”的现象经常发生。

喜欢包含两个最主要因素，一是人际吸引的双方有共同的理解，二是喜欢的主体对所喜欢的对象有积极的评价和尊重。而爱情有如下三个最重要因素：一是依恋，卷入爱情的恋人在感到孤独时，会高度特异地去寻求自己恋人的伴同和宽慰；而别人不能有同样慰藉的作用。二是关怀与奉献，恋人之间会彼此高度关怀对方的情感状态，感到使对方快乐和幸福是自己的责任，并对对方的不足表现出高度宽容。在爱情关系没有受到他人威胁时，表现关怀与奉献的一方对自己的行为往往有纯粹无私的崇高感。三是亲密，被爱情所裹挟的恋人，不仅有着对对方的高度信赖，并且有特殊的身体接触的需要，恋爱之初，这种身体接触需要是泛化的高度依恋需要的反映，在一定意义上，它很像高度依恋母亲的幼儿对母亲爱抚的需要。

通常情况下，一个成熟的青年人可以明确区别自己对别人的喜欢与爱情之间的区别，但对于刚刚进入青春萌动时期的少年男女，由于依赖、尊重、喜欢与新出现

的性意味着朦胧爱情还没有出现高度分化，因而常常会把对自己偶像的崇敬、尊重，对长者的依赖与喜欢的情感以及爱情混淆到一起。

3．爱情的特征

爱情作为人与人之间的特定的情感联系，它具有显著的特点。

① 相异性。爱情一般是在异性之间产生的，是指男女之间的高级情感，不包括同性之间的恋情。

② 自主性。真正的爱情必然是在男女双方自愿的基础上建立和发展起来的。来自外在力量干预而非双方自愿的情感，不是真正的爱情。

③ 平等性。爱情无法强求，只能以互爱为前提，只有在男女双方相互爱慕、相互追求的过程中，才能得到健康发展。倘若只是一厢情愿、单相思，或是因自己爱对方而要求对方也必须爱自己，或是因为对方爱自己而感恩图报，都不能称为真正的爱情。

爱情是发自内心的，自觉自愿的，建立在一定的生活和思想基础上的选择。恋爱双方的人格完全平等，在爱情中的地位也完全平等。在建立和发展恋爱关系的过程中，男女双方应当处于平等地位。男女唯有平等，才可能相互理解和尊重，才可能对爱情采取认真负责的态度。依附、屈从、强制等不平等地位，一厢情愿的单相思，都不是真正的爱情。

④ 排他性。男女双方一旦确定了恋爱关系，就不容第三者插足，也不允许其中任何一方同时还有外恋，因为“性爱按其本性来说就是排他的”。尽管爱情和正常的人际交往并不相斥，但是，在确定恋爱关系后，或者婚姻关系存在阶段，三心二意、朝秦暮楚是不道德的。“恋外情”“婚外情”，甚至“多角恋爱”，不是真正的爱情，也是对对方感情的不尊重。

⑤ 持久性。真正的爱情是双方内在思想、品质、情感、气质等方面的吸引和共鸣，它不仅存在于双方恋爱的过程之中，而且也存在于婚后的生活之中。因此，彼此之间不仅要有深厚的情感，相互倾慕，更要有相应的义务和责任。在婚后生活中，责任感和义务感起着维系双方感情和保持家庭稳定的重要作用。

4．爱情理论

在多种爱情理论中，有两种理论最受重视：一种是爱情类型理论，另一种是爱情三元理论。

加拿大社会学家李（John Alan Lee）采用分类学的观点提出了爱情类型模型。他认为青年男女的爱情关系不外有以下六种类型。

① 浪漫式爱情（romantic love）：其特征是将爱情理想化，强调形体美，追求肉体与心灵融合为一的境界。

② 游戏式爱情（game-playing love）：其特征是视恋爱如游戏，只求个人需求之满足，对其所爱者不肯负道义责任，因而对恋爱对象的更换，视为轻易之事。

③ 占有式爱情（possessive love）：其特征是对所爱对象，赋予极强烈的感情，希望对方以同样方式响应；对其所爱具极度占有欲，对方稍有怠忽，即心存猜疑妒忌。

④ 伴侣式爱情（companionate love）：其特征是在缓慢中由友情逐渐演变成的爱情，故称为友谊式爱情（friendship love），在此关系中，温存多于热情，信任多于嫉妒，是一种平淡而深厚的爱情。

⑤ 奉献式爱情（altruistic love）：其特征是信奉爱情是付出而不是收取的原则，甘愿为其所爱牺牲一切，不求回报。

⑥ 现实式爱情（pragmatic love）：其特征是将爱情视为生活之应用，但求彼此现实需求的满足，不求理想的追求，为一般典型的爱情。

李（John Alan Lee）的理论将人类爱情分成几类，应该说这有助于人们的认识的精确。但众所周知，现实存在任何一种的爱情关系，都不可能单独属于某一类型。由此，斯腾博格（Robert J. Sternberg）在对先前文献进行整理的基础上，提出了迄今最有影响力的爱情三成分理论（triangular theory of love）。

斯腾伯格（Robert J. Sternberg）认为形成爱情的三种成分，分别是：①动机的成分：爱情行为背后的动机，对人类而言虽未必全是由于生理上的需求，但绝不能否认，性驱力是原因之一。爱情行为的发生，除内发的性驱力之外，外在的诱因也是因素之一，即异性之间身体容貌等特征能彼此吸引的原因。②情绪的成分：情绪是由刺激而引起的身心激动状态，激动状态有喜、怒、哀、惧、爱、恶、欲之分，而在此七情之中，属于爱情的情绪，除了爱与欲之外，可能夹杂着其他的成分，凡是有过恋爱经验者，都会体验过所谓酸、甜、苦、辣的爱情滋味。③认知的成分：爱情中的认知作用，对情绪与动机两种成分而言，是一种控制因素，如果将动机与情绪二者，分别视为电流与火花，认知就是开关或是调节器，它可斟酌爱情之火的热度予以适度调节。将动机、情绪、认知三者各自单独在两性间发生爱情关系，分别称为激情（passion）、亲密（intimacy）和承诺（commitment）。

激情（passion），也就是性的吸引力，想要有肌肤之亲的欲望，浪漫、外表吸引力和性驱力的动力相互混合在一起，这是属于动机面；亲密（intimacy），也就是跟对方在一起时会有一种相知相惜的温暖感觉，重视彼此的喜欢、理解和期待，这是属于情绪面；承诺（commitment），就是决定发展稳定的关系，决定跟他在一起，而不要跟别人在一起，包括短期地决定去爱一个人和长期地承诺去维持爱的关系，这是属于认知面。

这三个基本元素有不同的特性，承诺的稳定性高，激情的稳定性低，但激情的短期效果强，而承诺和亲密则具有较长期的效果。斯腾伯格（Robert J. Sternberg）将这三向度三元素组成爱情的三角形，同时可以阐明爱的八种面貌，如图2–1所示。改变三角形的任一边将组合出不同类型的爱。

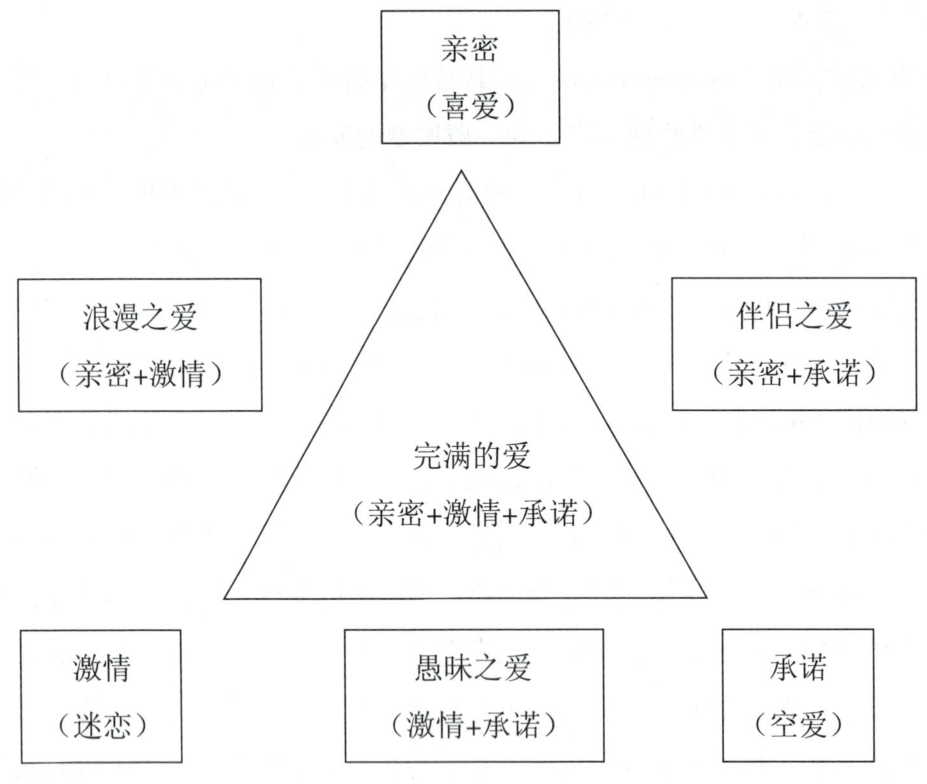

图2–1　斯腾伯格爱情三成分理论

① 喜欢（liking）：只有亲密，没有激情和承诺。就是彼此珍惜、欣赏与契合，也就是之前说的友情。这种关系只是亲密感很高，激情和承诺都很低。

② 迷恋（infatuated love）：只有激情，没有亲密和承诺。这种类型的爱，激情成分很高，往往是发生在一见钟情的情况下，两个人一碰上就像火花一样点起来，但是往往很快就烧完。

③ 空洞的爱（empty love）：只有承诺，没有亲密和激情。这种爱承诺的成分很高，但其他两种偏低，结婚多年的老夫老妻可能就是这一种。

④ 浪漫之爱（romantic love）：亲密和激情的结合，但没有承诺。这种爱的亲密感和激情的成分都很高。激情成分很高，也许也只是亲吻拥抱，不过这种爱的承诺成分很低，因为他们也许还没考虑到结婚的问题。所以这种爱大概只会出现在恋爱时期，结婚后大概就没有了，如果有的话，可能是外遇吧。

⑤ 伴侣的爱（companionate love）：亲密和承诺的结合，但没有激情。这种爱比较平淡，一般来说较常发生在邻居，青梅竹马的情况下，到了适婚年龄，就结婚了。这种爱在亲近感和承诺方面都很高，而情欲方面则很低。

⑥ 愚昧之爱（fatuous love）：激情和承诺的结合，但没有亲密。这种爱是当两人刚认识就产生激情，因而许下承诺，决定要结婚。他们会有很浪漫的想法，会认为既然我爱他，我就应该跟他结婚。由于两人认识时间很短，彼此对对方都不是十分了解，所以，尽管情欲和承诺的成分都很高，亲密感却是很低。但是激情会随着时间而慢慢淡化，以至于消失，彼此不熟悉的感觉就浮上来，两人会觉得很陌生，可能因此而导致离婚。

⑦ 完满的爱（consummate love）：亲密、激情和承诺都有。这种境界很难达到，因为它必须要三个成分都维持在很高的水平上。只有在新婚蜜月期，或是在刻意的经营下，譬如说，用心地提高夫妻的生活情趣，设法把三个成分都维持在高水平，才有可能维持圆满之爱。

⑧ 没有爱（non-love）：完全没有亲密、激情、承诺。两人之间，三个成分都很低，这种关系大概就是普通朋友吧。

爱情的现象可以去理解，可以去解释，可以去研究，可以去……但爱情的美只能在感动中得以体会，那是一个充满了想象与超脱现实的生命经验。你永远没有办

法去“理解”为什么一个人可以那样地去爱另一个人，除非你也曾深深体会过。

二、对中职学生的爱情观的引导

中职学生首先要摆正自己的心态，树立自尊、自爱、自强、自重的品格，千万不要盲目地追求爱，也不宜过急追求爱，要判断自己的条件是否成熟。面对追求者，应该理智对待，不要被那些甜言蜜语所迷惑而偷食禁果，付出沉甸甸的代价。同时在交往过程中，应互相鼓励对方把更多的精力和心思放在学习上，为体现自身价值而努力。学生要以学业为重，要有大志，争取以后干出一番事业，让自己先稳定下来，这样才能够为对方的爱负责任，才是对她（他）最好的回报。告诉学生，爱无罪，被爱也无罪，可是你的爱给对方带来伤害或毁了对方的前程就是罪过了。所以我们要幸福快乐地度过我们最美好的学生时代！

具体有以下几点做法供参考：①不回避，用科学的且学生容易接受的方法，帮助学生走出关于爱情的困惑期。②帮助学生激发学习兴趣，树立学习目标，帮助学生进行情感迁移，更多地关注其他人际交往和专业知识的学习，以及自己的职业生涯规划。③不用粗暴的方式进行封杀，采用班级讨论交流的方式，更便于倾听学生心灵深处的心声。④为学生保密，不大肆张扬，又要有效地让事情向好的方向发展。

综上所述，爱情是人类最美好的情感。而异性交往不当导致的是学习成绩越来越差，人际交往能力越来越差，品德表现越来越差，这显然是对美好情感的亵渎。爱情是美好的、纯洁的、忠诚的，而异性交往不当缺少的恰恰是这些宝贵的东西。可见，不恰当的异性交往只能是对人类美好情感的践踏！我们要正确处理青春期的异性交往问题，留给青春美好的记忆。

【阅读材料】

青春期心理健康的标志

① 积极向上，精神饱满，朝气蓬勃，有自信心、进取心、自尊心。

② 有自觉性，能以充沛的精力去展现自己的智慧，发挥自己的能力，自觉完成学习任务，不怕学习上的困难，智能发挥良好。

③ 在家庭，在学校与朋友之间，能建立互敬互爱、相互理解的积极人际关系，在集体中是受欢迎的成员，在群体中有自己的朋友，保持和发展互助、融洽、和谐的关系。

④ 善于适应新环境。

⑤ 情绪稳定而愉快。

⑥ 心理活动完整、协调，能避免各种因素所引起的病态症状（如过度紧张、焦虑等）。

中职学生生活情况调查表（在正确的答案上打“√”）

你是否喜欢集体生活	（喜欢）（不喜欢）
父母是否离异	（是）　（否）
和父母关系是否融洽	（是）　（否）
和室友关系是否融洽	（是）　（否）
集体生活中最令你烦恼的是	（学习）（同学矛盾）（家庭） （老师）（早恋）
和班主任关系是否融洽	（是）　（否）
你是否喜欢和异性交往	（是）　（否）
你认为应该怎样和异性交往	（一般关系）（恋爱关系）（正常交往）
遇到不愉快的事你会选择向谁倾诉	（同学）（老师）（家长）（笔友）（网友） （异性朋友）（心理教师）

第三章 青春期自我保护

孩子从少年向青年的过渡时期，由于生理发育和心理发展的急剧变化，不可避免地会出现一些问题，如对自己的生长发育感到好奇，不能正确处理男女生间的正常关系，不能自爱自重、误入歧途等。还有更多的孩子不了解自己身心的变化，缺乏自我保护的意识和能力，使犯罪分子乘虚而入，侵害青少年的身心健康。因此，必须加强广大青少年的自我保护能力，使他们在复杂的社会环境中能够实行自我保护。

性道德与性法律

性作为人类繁衍的唯一手段，性活动作为人们日常生活的重要内容之一，总是受到当时社会文化、道德及法律的制约，即性的社会控制。性的社会控制是社会通过社会规范（法律、制度、道德、舆论、信仰等）对其成员的性意识进行引导，性行为实施约束的过程。人类文明发展的历史，也包括了人类对自身性活动的认识，从蛮荒时代的性无知、纯粹的动物性满足到性禁忌、性道德规范、性法律控制的文明发展史。在这一漫长的认识过程中，人类已坚定不移地认识到：对一切性活动和性行为不加限制，即是性放纵，它会影响社会稳定，使人们浪费自己的精力，无法从事工作；还会破坏家庭，腐蚀社会结构，削弱国家、集体与社会的亲和力，甚至导致一个社会的毁灭。

因此，认识和理解性道德与性法律的有关知识，自觉树立性道德意识和性法律意识，规范人们的性活动及实施有效的性保护，是中职生性文明和性健康的具体要求。

一、性道德概述

1．性道德与性伦理

（1）性道德的含义

性道德是规定每个人性行为的道德规范。具体地讲，性道德是人类社会生活中所特有的，由物质生产活动决定的，维系人类延续和发展，且依靠人们内心对性的信念和社会手段，并以善恶进行评价的性意识、性行为和性原则规范的总和。

（2）性道德的特点

性道德具有多样性、一致性、双重性、继承性等特点。

① 多样性。不同的文化、不同的民族、不同的社会、不同的宗教信仰，甚至同一社会中不同的阶级和阶层对性行为有不同的道德评价，由此表现出性道德的多样性。

② 一致性。虽然当今西方国家对婚前性行为持宽容的态度，但人类大多数文化的性道德把性交行为限制在婚姻关系之内，对婚姻家庭和社会构成破坏的性关系都会遭到人们的唾弃，这是性道德的一致性。

③ 双重性。性道德的准则往往表现出双重性：其一，有正式准则和非正式准则之分。其二，对男性和女性的要求有双重标准与单一标准之分。

④ 第四，继承性。文化、历史、社会是连续发展的，性道德有明显的历史与文化的继承性，今天的性道德可以从传统文化中寻根溯源。

总之，性道德是用特定的伦理道德原则去指导、规范个体的性行为。性道德关系到性文明，而性文明则是整个社会文明的标志之一。马克思曾指出："男女之间的关系是人与人之间直接的、自然的、必然的关系。因而，根据这种关系就可以判断出人的整个文明程度。"（马克思《1844年经济学哲学手稿》，人民出版社）。

（3）性道德和性伦理的关系

性伦理是一门研究人类性道德思想的系统化与科学化的理论。

由此可见，性道德是规定每个人性行为的道德规范的总和，是具体指导人们性行为的规范，一种实践精神，是把握世界的特殊方式。性伦理则是从理论上研究性道德规范最基本的内容。如性伦理研究的内容包括：性道德的特点、性道德的历史发展规律、性道德范畴、性道德规范、性道德行为、性伦理的调节作用以及性道德的修养等。这些都是现代性伦理中的最基本的内容，是深入了解性道德的重要途径和条件。这也是一些人误认为性道德与性伦理是一回事的缘故。

2．性道德的产生和演变

性道德伴随着人类的性羞涩而产生，然后经历了性禁忌—性惩戒—性法规的控制发展过程。

（1）性道德的产生

人类性文化的历史告诉我们，人类性文明的历史，是随着人类羞耻心的产生而萌芽的，所以，瓦西列夫（《性爱论》的作者）称性羞涩是爱情中"道德和审美的反射"，康德认为羞怯永远同善、德、行和谐一致。性羞涩并不是天生的，这从婴幼儿毫无顾忌地显示自己的裸体可以得到证明。因此，性羞涩是文化修养的结果，特别是性文化修养的结果。性羞涩可以大大减少两性活动中的各种放荡行为。性羞涩就是人类早期性道德的萌芽。

（2）性道德的发展

从远古至今，人类为了自身的生存和发展都要结成各种社会关系，其中最基本的社会关系就是物质的生产关系和人类自身的再生产关系。人类的再生产关系主要表现为在一定社会历史文明条件下的男女两性关系。人类对两性性关系的道德规范是随着人类历史的发展而发展的。

① 原始社会的性禁忌。原始社会的性道德在原始初民产生了性羞涩心理以后，进一步地发展起来，其方式主要是性禁忌。大致经历了以下四个阶段。

（a）辈分的乱伦禁忌。大约在170万年前，即人类蒙昧时期的中级阶段，两性关系开始有了限制，主要是在某个小群体（也可称作是最原始的“家庭”）内，限制所有的祖父和祖母，所有的父亲和母亲，所有的子女，他们只能在同一辈分内性交，这样就产生了父母与子女之间的乱伦禁忌，血缘家庭也就随之产生了。与杂乱性交相比，这对人类性关系来说无疑是一个极大的进步，由于性关系在血缘家庭中的辈分间有了一定的限制，人类的性活动开始与动物式的群交区分开来。

（b）血亲的同代禁忌。血亲的同代禁忌产生于摩尔根和恩格斯称作的“普那鲁亚家庭”。普那鲁亚在夏威夷语里即“亲密伙伴”之意，是在两个原始部落群体之间产生的性关系，因此，普那鲁亚家庭又可称为“伙伴家庭”。伙伴家庭比血缘家庭又多了一个性交禁忌，即除了隔代不能性交这一禁忌规则外，还增加了兄弟姐妹之间同代性交的禁忌。但这时的性关系仍是一种杂乱的性交关系，不存在排他性。

（c）性对象的禁忌。在伙伴家庭里众多的异性伴侣中，往往会有一个乃至几个最为“中意人”，彼此间出现了性对象的相对“专一”性，使得性禁忌的对象越来越多，在这种情况下，伙伴家庭的两性关系必然向着相对稳定的对偶家庭的两性关系发展。

对偶家庭两性关系的产生标志着原始社会由野蛮时代向文明启蒙时代的演进。由于对偶家庭的“丈夫”和“妻子”之间能够保持较长时期的同居关系，有可能发展夫妻之间的性爱，因而两性关系的排他性（私有心理）也就逐渐萌生了。这使得

性爱对象的禁忌进一步扩大。与此同时，母亲在“家庭”中显示出特别崇高的地位，形成了母权制家庭，并由此产生了另一种性爱对象的禁忌，即：子女不得自己随意择偶，必须服从“母亲之命，媒妁之言”。

（d）性交时空禁忌。随着母权的日益扩大，出现了对性交的时空禁忌：月经禁忌和场景禁忌。月经禁忌是指在月经期内禁止性交；场景禁忌，即除了性交庆典中的集体活动外，都应该离开群体，到隐蔽的地方去性交。

综上所述，原始社会的性道德主要表现为性禁忌。性禁忌是一些关于禁止产生性关系的习惯或规定，它是原始人类在与大自然斗争过程中或基于生活经验自发形成的。因此性禁忌是性道德的萌芽，是尚未理性化的性道德。

② 奴隶社会的性惩戒。随着生产力的进一步发展，私有制的产生，人类进入到奴隶制社会。表现在两性关系上，男性由于生理条件更有利于从事较重的体力劳动，在经济生活中占据越来越重要的地位。奴隶社会的一夫一妻制直接表现为男子对私有财产的占有，也包括对女子的性占有，妻子实际上是丈夫的奴隶。为了维护奴隶社会男子的这种权利，在性道德的控制方式上，主要采取对女子的自由实行警戒。此外，就是对超出“性道德规范”的行为实施严厉的惩罚。母权制被父权制取代，两性关系由此过渡到一夫一妻家庭。但对男子性活动的道德规范显得非常的宽泛。

奴隶社会中不平等的一夫一妻制，尽管在性道德上是不完善的，但它仍不失为人类性关系的一个进步，其道德意义在于它开始要求排除杂乱的两性关系，开始要求夫妻间保持忠贞守一（尽管只是对女子的不平等的约束）的性生活，它标志着人类对自己的性生活提出了更为严格的限制。

③ 封建社会的性禁锢。随着社会的发展，到了封建社会，两性关系的性道德控制主要以性禁令、性禁锢来实现，婚姻禁规也越来越复杂。但所有禁规都几乎是对女性的不平等的性道德要求。

（a）对女性的性禁锢 。无论在欧洲还是在中国，封建社会的性道德，对女性的贞操禁锢都十分严厉。在中世纪的欧洲，男子把妇女当作自己的私有财产，丈夫怕妻子不贞，一旦离开时，就给妻子戴上“贞操带”。

在中国，女子从属于男子的地位，首先用伦理纲常加以规范，如：男尊女卑，男主女从，“叔嫂不通向，男女不杂坐”；规定女子的道德行为模式是三从四德。

历代封建王朝为女子制定了名目繁多的道德戒律，使妇女的人身地位处于社会的最下层，直到严酷的性压抑、性剥削。明、清两代在城乡建立了大量的贞节牌坊，有许多一直保存到今天，成为封建社会性道德制度下中国妇女人生惨剧的真实写照。此外，还要加上丈夫的迫害，古时中国女子有“七出”之条，实际上只要男子随便找个借口，就可以“出”其妻。而男子纵使有大恶，妻子也不能自动离异。中国古代妇女简直就是生活在封建性道德制造的十八层地狱之中。

（b）对男子的性规范。处于中世纪的西方封建社会，男子虽然在对女子的占有上，享有“财产权”，但对男子与女子一样，要以禁欲、反性欲为第一道德要求。这种性道德是通过基督教来传播的，要求把性爱完全融在所谓基督的大爱之中。

封建社会的中国则大不相同了，男子在两性关系道德方面，却享有绝对的优遇。男子既可以“休妻再娶”，也可以“三房四妾”。对于更高层次的人物，例如中国历代皇帝，三宫六院，七十二嫔妃，多妻现象可以说是达到了顶峰。

但同时存在的矛盾现象是：中国封建社会的性道德仍然宣扬实行严厉的性禁锢，一方面是张口“万恶淫为首”，闭口“色是祸媒人”，正人君子耻言男女苟且之事；另一方面又公开实行养妓豢娼，上层贵族官僚集团，也乐于出入歌楼酒馆。一方面要求女子贞节操守，视贞操胜过生命；另一方面又放任男子纵欲。这充分反映出在中国封建社会中，性道德的多重性和复杂性。但总体来看，统治者口头宣称的，主要还是性禁欲主义。性道德观可以概括为，纵欲为恶，禁欲为善。

④ 资本主义社会的性道德。资产阶级为了反封建的需要，发表了“人权宣言”，提出了“自由、平等、博爱”的口号，主张人身自由和个性解放。在两性关系上，资本主义社会性道德的原则是主张恋爱自由，取消封建包办婚姻和买卖婚姻；性关系纯粹是当事人之间的一种契约关系；两性之间既可以自由择偶而结婚，又可以自由离婚。但是，在金钱决定一切的社会里，资产阶级的性关系本质上是由金钱和财产决定的，性爱为金钱和物欲所淹没。资本主义社会的性道德规范还有一个显著的特点，即在一夫一妻制的两性关系外，不但男子有较大的性自由，而且女子也有了较大的性自由。

综上所述，资本主义初期，封建社会性道德发展到了极端，形成了严酷的性禁欲主义，走向了自己的对立面，成为失去必然性的性道德，于是要求性解放、性自由的呼声随之而起。性解放、性自由作为对禁欲主义的反叛，在初期是具有必然性的，是合理的。但发展到现代资本主义的“性解放”“性自由”，又走向了极端，已经逐渐失去了进步意义，因此它必然要被更进步的性道德否定。

⑤ 社会主义社会的性道德原则。人类社会两性关系发展的历史，就是一部对性关系的规范日益完备、性伴侣的范围越小而性道德的含意越丰富的历史。社会主义社会的性道德，使人类的两性关系发展到一个崭新的形态。

新中国社会主义制度的建立，消灭了剥削阶级，铲除了私有制的土壤，广大中国妇女解脱了身上的锁链，投入到社会建设之中。随着妇女经济、政治和社会地位的提高，女性依附于男性的状况、自卑自贱的心理都大为减轻。1950年颁布了废除封建婚姻制度的《中华人民共和国婚姻法》，从此恋爱自由、婚姻自主、男女平等有了法律保证，这就从根本上改变了历史上形成的男尊女卑、婚姻不自由、一夫多妻以及漠视妇女利益为特征的旧制度。因而，社会主义社会的新型性道德在此基础上建立起来，并日趋完善。

在社会主义公有制的经济条件下，社会的性道德强调男女双方只有以爱情为基础的自愿结合，才符合社会主义的性道德标准。正如一个世纪以前恩格斯曾指出的那样：“现代的爱……对于性交关系的评价，产生了一种新的道德标准，不仅要问：它是结婚还是私通，而且要问：是不是由于相互的爱而发生的？”要求男女双方不以对方为依附的条件，不以强迫对方为满足自己需要的手段，不以占有对方为目的，也不允许把对方作为自己发泄性欲的对象。首都师范大学的高德伟教授把社会主义的性道德概括为：“自愿、无伤、相爱、合法、私密”的十字原则。

此外，适当晚婚，优生优育，实行计划生育，也是社会主义性道德在现阶段对每个公民的特殊要求，应认真遵守，为中华民族素质的提高做出贡献。

3. 性道德教育的意义

性伦理学的一个重要部分就是性道德教育，就是要使性道德规范内化为个人的性道德良心，而使其行为能自觉地合乎性道德规范。

（1）性道德教育的作用

性道德教育是学校德育的重要组成部分。由于性道德教育是根据学生性成熟这一特点而进行的教育，因此，对于正在经历性成熟的青年学生来说，性道德教育具有不同于一般思想品德教育和行为规范教育的特殊作用。

性道德教育的作用之所以特殊，就在于它对于青少年产生的性意识和异性间的情感及有关的性问题，既不是持堵截阻拦的态度，也不是放任不管，而是根据青少年身心发展的特点，对他们进行性道德教育，并在教育中做到“晓之以理、动之以情、导之以行、持之以恒”。

（2）性道德教育的内容

青春期（10～22岁）是走向成熟的人生阶段，是个体生理、心理、社会化与其所在环境的对立统一迅速成长的时期。青少年的性行为已经是道德意志支配的行为，是独立自主决定的产物。同时，青少年的性行为又不是成熟的道德行为，带有从童年向成年过渡的特征和自身的特点，即性行为的自主性和可变性（可塑性）。

青春期的不同阶段，性道德教育的内容应有所侧重。在青春初期，要保持性心理健康，培养对性成熟状态的良好适应能力，主要是培养性控制能力，力避性的强烈刺激，净化社会环境，升华自己的性价值观，学会建立正常的异性交往关系，既要自尊，又要尊重对方的人格。到青春后期，多数人已进入择偶、恋爱或婚姻阶段，要特别注意培养正确的恋爱婚姻家庭道德观念。

（3）性道德修养的方法

性道德规范提出了异性交往中应该遵守的行为准则，能不能把性道德规范化作内心的信念，并用来调节和指导日常行为，从而逐渐形成和完善其道德品质，还需要进一步提高性道德认识水平，发展健康的性道德情感，养成良好的性道德行为习惯。

第一，要提高性道德认识水平。性作为人类生活的重要组成部分，既具有自然性又具有社会性。原始人类尚且懂得乱伦会导致种族或部落的衰败，现代社会、现代人在性的问题上更应该持科学、严肃的态度。如果没有道德、法律的约束，把性只看作是男女两性之间的私事，随心所欲，势必会导致社会混乱，道德沦丧。

因此，在青春期一方面要求学生们掌握所学习的知识技能，另一方面还要求学生们学会正确而合乎道德地处理与异性的关系，以为将来走入社会、承担起成年人的角色做好准备。

第二，发展健康的性道德情感。学生时代的情感活动是非常丰富的，中职生追求美好的人生，憧憬着幸福的未来。然而，随着情感世界的发展，以及理想与现实

的差距，中职生在人际交往中又会产生一些困惑和苦闷。消极的情感以及与客观实际相脱离的情感，往往是导致中职生困惑和苦闷的原因。所以，中职生要发展健康的道德情感，驱逐那些不必要的烦恼，让积极健康的道德情感成为鼓舞青春勃发的力量。

第三，培养良好的性道德行为习惯。青春期性道德教育的目的，就是要培养中职生形成良好的性道德行为习惯。正确的性道德认识以及良好的性道德情感，都必须通过性道德行为才能够得以体现。然而，任何一种习惯的养成都不是一蹴而就的，都需要从小事培养，逐渐形成。

江泽民同志在2001年全国宣传部长会议上的讲话中指出："我们在建设有中国特色社会主义，发展社会主义市场经济的过程中，要坚持不懈地加强社会主义法制建设，依法治国。同时，也要坚持不懈地加强社会主义道德建设，以德治国。"因此，我们要坚持性道德教育和中职生性道德修养，让我们的性行为更符合社会主义精神文明的要求和社会主义性道德规范。

二、性法律概述

社会对性的控制一般分为非正式控制和正式控制。前者是通过道德舆论、习俗等手段实现对性的控制，是社会对性的"软"控制；而后者则根据法律、制度等明文规定，以国家强制力作保障对一定社会的性行为实施"硬"控制。

人类社会进入阶级社会以来，性活动与其他社会活动一样，受到统治阶级的强制性控制。越是法制健全和成熟的国家，性法律的控制越严密、越科学，人们遵守性法律规范的意识就应该越强，这也是一个国家法制健全、依法治国的表现。了解各国在性控制方面的有关法律，以及性犯罪的有关知识，把握我国在性方面的法律规范，有利于中职生自觉依法规范自己的性行为，依法维护自己在性方面的权利。

1．性法律的含义及产生

（1）性法律的含义

性法律是调整人们在性活动过程中的权利义务关系的行为规范的总称。这种行为规范是由国家制定的，体现国家意志的，并由国家强制力保证其实施的行为规范。是社会对性行为的强制性控制。它从社会整体意志出发要求作为部分或个体的人在两性关系方面“必须做什么”“可以做什么”和“不准做什么”，以及违反了这些规范将要受到的法律处罚。性法律表现在民事法律法规，刑事法律法规及行政法律法规中。

（2）性法律的产生

性法律在历史上主要是出于制裁有伤“风化”的性行为而产生。外国刑法当中的“风俗道德的犯罪”及“风俗犯”等术语，表明此种罪的设立所要保护的是“性的秩序或者健全的性的风俗”（甘雨沛等《外国刑法学》下卷第864页，北京大学出版社）。“妨害善良风俗”“妨害风化”“妨害风俗”“贞操”等词语，不但曾出现于日本旧刑法、1949年前的中国刑法和苏俄刑法中，而且还存在于至今仍有效的法国、意大利、奥地利、泰国、韩国等国的刑法中。

（3）历史上受法律惩罚的性行为

在许多国家的法律条文中出现较早、惩罚较严的性行为主要是通奸。通奸是男性与女性之间自愿地发生的，对受法律保护的社会关系构成破坏的，为一定社会的法律规范所不允许的性行为。又被称为“奸情”。各个国家法律认定的，并给予法律制裁的“奸情”主要有以下几种。

① 乱伦。乱伦是指发生在有一定亲属关系的两性之间的性行为。古希腊的汉谟拉比法典、中国古代《周礼·夏官司马》都对乱伦有明确的制裁规定。在现代法律中，美国、加拿大、奥地利、西班牙、意大利、罗马尼亚等国在条文上还保留着对乱伦制裁的规定。

② 违反等级的通奸与通婚。古印度《摩奴法典》认为不同种姓的人通奸会产生种姓混乱，而种姓混合则会“破坏义务，毁灭人类，惹起万物的灭亡”。在男权社会，“青年女子爱上比她种姓高的男子”，只处以“最小的罚金”，“但如她爱恋于一个种姓较低的男子，应被幽闭家中，严加看管。”而“出身低贱的男子向种姓高的女子求婚则应处体刑”。（《摩奴法典》第353条、365条、366条）这在当时被称为“良贱相婚（奸）”。

在对这种性关系的限制上，中国古代法律的规定也是相当严格的。中国古代法律对良贱之间的婚姻和性关系因性别而有不同对待。

③ 婚外性行为。婚外性行为指的是有配偶的人与配偶之外的其他异性发生性关

系的行为（男性和娼妓及婢女之间发生性关系除外）。大多数国家的刑法将其定名为“通奸”。因为婚姻是一种法律关系，法律首先确定的是这种关系之中的男女各自的责任或义务，其目的在于维护社会的一种性秩序。而婚外性行为则可能破坏这种秩序。在中国，婚外性行为被视为不正当的男女关系，是社会道德所不允许的，是新婚姻法所禁止的行为。正当的、受社会承认和保护的性关系，只能是夫妻之间的性关系。

早在4000年以前，在两河流域，就有了制裁通奸的法律。《埃什嫩那国王俾拉拉马的法典》规定：女子受聘为人妻后，“倘再投入他人怀抱，则应处死”。（《埃什嫩那国王俾拉拉马的法典》第28条）

现代法律中，对通奸的制裁是有条件的，在延续传统的基础上，具体规定发生了明显变化。总体来看，现代法律对通奸的处罚比过去轻多了。具体表现为：第一，刑轻。第二，几乎各国的法律都规定通奸罪“告诉乃论”。韩国、巴西、奥地利等国刑律还规定，如果配偶已明示或暗示原谅（饶恕、宽恕）通奸的，则不能再起诉。第三，未造成夫妻离婚后果的，以及通奸系因配偶引诱、纵容、同意的，或是因可归责于受害配偶之事由而合法分居的，或是已停止共同生活的，或是为受害配偶所非法遗弃的，则受害人不得告诉。第四，对诉讼时还作了明确规定。

④ 婚前性行为。婚前性行为是指未婚男女之间在结婚前发生性交的行为。又被称为“私通”，用以区别已婚男女之间的“通奸”，有的将“私通”和“通奸”作为同一概念。自严格科学意义上的婚姻家庭产生以来，私通就是一种为社会道德所不允许和受到社会舆论谴责的行为。而在某些国家，或某些国家的某一历史时期，包括古代的中国在内，都曾将私通作为犯罪或严重犯罪的行为实行严惩。虽然在某些国家的某些民族中，至今仍有婚前性行为的自由。但在多数国家和多数民族中，婚前性行为是不为社会舆论、伦理观念所允许且为法律所禁止的性行为。我国的婚姻制度规定私通为非法，不仅要受到社会道德舆论谴责，还应当受到纪律处分。如何对待婚前性行为，与各国家和各民族的风俗、伦理观念、道德水平、法制意识等有着极为密切的关系。

婚前性行为绝不是代表人类文明发展方向的性行为。在西方国家，它导致的结果除了性混乱、少女妈妈、非婚生子女、性侵害，还导致了性病的泛滥。因此，我们绝不能放任婚前性行为。中职生要提高自身性道德和性法律的意识，对自己的行为负责，对他人的情感负责，对自己的行为后果负责，约束婚前性行为，自觉推迟性行为。

⑤ 骗奸。骗奸即男子骗取妇女同意与其发生性关系。一些国家中出现了在深夜冒充妇女的丈夫骗奸受害人的案例；也发生过外科医生以治病为名，取得妇女的信任，将其奸淫的情况。此外，还有的以宗教迷信进行骗奸；另有一些则是以结婚为名到处骗奸女青年，在美国称为“诡计性交”。为此，有些国家的刑法中明确规定了对骗奸的罪行认定和制裁办法。

另外，同性性行为、手淫等都曾被视为违反法律的性行为，传统法律对其惩罚都有所规定，但随着社会的发展和人们观念的变化，实际生活中都对它们持较宽容的态度。同性恋已被个别国家视为合法，“手淫”也被科学的“自慰”概念所代替而不再作为违法行为。大部分国家对婚前性交行为仍视为违法行为，但已废除了法律惩罚的一些条款，主要靠以培养青少年的性道德意识来加以防范。

2．现代性法律的历史使命

现代性法律从理论上讲应以权利为本位，而具体规范上仍以维护风化为目的。其基本表现形式是，维护一夫一妻制的婚姻制度和健康的社会生活秩序。

（1）巩固一夫一妻制的婚姻制度

为了巩固一夫一妻制的婚姻制度，各个国家的性法律都把对重婚的制裁放在首要位置。重婚是指已经结婚的人在原有的婚姻关系存续期间又再次结婚的行为，在一般情况下它还包括了虽无婚姻关系存在的人与有配偶的人结婚的行为。重婚是对一夫一妻婚姻制度的严重破坏，在民法或婚姻法中是无效的法律行为。它将受到的民事制裁是解除后一对婚姻关系。当代多数国家的法律都禁止重婚。

中华人民共和国成立后的第一部《婚姻法》（1950年）即规定：“禁止重婚，纳妾。”2001年颁布的新《婚姻法》第3条规定：“禁止重婚和其他违反一夫一妻制的行为。”并在第45条对重婚的法律责任作了明确规定：“对重婚的，……依法追究刑事责任。受害人可以依照刑事诉讼法的有关规定，向人民法院自诉；公安机关应当依法侦查，人民检察院应当依法提起公诉。”我国现行刑法第258条规定：“有配偶而重婚的，或明知他人有配偶而与之结婚的，处二年以下有期徒刑或者拘役。”这里所规定的“结婚”，即包括骗取合法手续登记结婚，又包括虽未登记结婚，但以夫妻名义共同生活的行为。同时，我国刑法还将破坏军婚作为重婚罪的一种特殊情况予以更为严厉的制裁，刑法第259条第一款规定：“明知是现役军人的配偶而与之同居或者结婚的处三年以下有期徒刑或者拘役。”

（2）维护社会生活秩序

对社会生活秩序的维护，主要体现为许多国家的法律对嫖客、娼妓、卖淫都予以了严厉制裁。卖淫是以营利为目的开设妓院或引诱、容留他人从事性交易。由于卖淫这一社会现象和传统的道德相悖，所以在漫长的历史中，从来没有任何一种主导文化对它持肯定的态度，至多只是“允许存在”而已。各国法律对嫖妓、卖淫的禁止、限制大致可以分为以下几个层次：

① 完全禁止；

② 禁止在法律默许的区间外卖淫；

③ 禁止剥削卖淫者——如以营利为目的开设妓院或引诱、容留他人卖淫；

④ 禁止强制他人卖淫及为经营卖淫业而贩卖人口。

嫖客是指嫖宿暗娼的男子。嫖客以钱物为代价同卖淫妇女发生性行为。娼妓是靠卖淫为生的女子。娼妓是一种社会历史现象，它是人类历史上随着母权制被父权制代替而出现的。嫖娼现象是受社会舆论严厉批判的，给个人、家庭乃至社会都会造成不良后果。因此，这种社会丑恶现象应坚决予以制止。在西方国家，娼妓是一个严重的社会问题。中华人民共和国成立后即取缔了妓院，废止了娼妓制度，成为世界上没有妓院的文明国家。近年来，由于种种原因，我国的卖淫妇女日趋增多，目前正在采取各种有效措施加以取缔和禁止。

（3）净化性补偿市场

制作、贩运、传播淫秽物品的行为是直接破坏公众道德甚至危害社会管理秩序的行为，各个国家都认识到其潜在危害性巨大。为了净化性补偿市场，各个国家对制作、贩运和传播淫秽物品也予以刑事法律制裁。

中国刑法将淫秽物品定义为：“具体描绘性行为或者露骨宣扬色情的淫秽性的书刊、影片、录像带、录音带、图片及其他淫秽物品。”“淫亵性地具体描写性行为、性交及心理感受”（367条）。还对淫秽物品具体地从6个方面进行了界定。而

“有关人体生理、医学知识的科学著作不是淫秽物品。包括有色情内容的有艺术价值的文学、艺术作品不视为淫秽物品。”（刑法第367条）。

当前，利用互联网传播上述内容的网页也当属淫秽网页。对于传播淫秽内容的互联网，一是应依法整顿，二是在开通时应实施技术性保护。

（4）充分保护女性的人身权利

为了充分保护女性的人身权利，各个国家都对强制猥亵性行为予以明文禁止。“强制猥亵”是指违背妇女的意愿，以脱光衣服、抠摸等淫秽下流的手段猥亵妇女。强制猥亵、侮辱妇女罪是我国现行刑法对旧刑法的流氓罪的完善和具体化。为了保护儿童的身心健康，刑法还规定，即使未以暴力、胁迫或者其他强制方法，只要对儿童实施了猥亵行为，就构成了猥亵儿童罪，并依照强制猥亵、侮辱妇女罪的规定从重处罚。

3．性犯罪概述

（1）性犯罪的概念

性犯罪是指行为人为满足其性欲，以非法性行为、性侵害、性淫乱实施的触犯刑法并应受到刑事处罚的行为。又称为性欲犯罪或性罪错。

（2）性犯罪的种类

性犯罪的种类即性犯罪的表现形式及范围，对此，不同的国家有其不同的分类。根据中国的刑事法律，主要有以下几种类型：强奸罪，奸淫幼女罪（是指不择手段奸淫不满14岁幼女的行为），强制猥亵、侮辱妇女罪，猥亵儿童罪，强迫、容留妇女卖淫罪，嫖宿幼女罪。

（3）性犯罪的特点

性犯罪行为是性犯罪者将自己的性欲望满足作为最高的目标，置法律于不顾，铤而走险，危害他人的利益和人身安全，是被人们深恶痛绝的。了解性犯罪的基本特点，有助于我们认清性犯罪的性质和危害，采取更为有效的措施进行防范斗争。性犯罪的基本特点主要是：

① 腐朽性。即为了个人的性需求而胡作非为，如嫖娼、卖淫、吸毒等无所不为。犯罪者本身的腐朽意识，通过其违法行为还直接或间接地腐蚀着其他的人，如一个卖淫的妇女就会腐蚀一大批女性。特别是集体淫乱，其思想腐朽、道德沦丧，

简直到了无以复加的程度。

② 低龄化。性犯罪者各种年龄段的人都有，但20世纪80年代以来性犯罪表现出明显低龄化趋势。在青少年犯罪中性犯罪比例最高，这是不能不引起重视的问题。

③ 愚昧性。愚昧无知往往会造成性犯罪。尤其是青少年性犯罪，文化水平偏低，且智力水平偏差。

④ 残忍性。当性犯罪分子侵犯别人的时候，必然要受到被害人的本能反抗。这种反抗一方面可以阻止罪犯目的得逞，另一方面也可能促使犯罪分子采用暴力手段达到目的。性犯罪的残忍性主要表现为对人身的凌辱和残暴。在发泄兽欲时，比野兽还要疯狂，任意凌辱摧残被害者。有的在强奸以后杀人灭口，还有的性犯罪者，为达到与人姘居的目的谋害配偶，等等。

⑤ 顽固性。由于性犯罪分子追求淫乱的生活方式，性欲冲动起来很难通过正当的途径排泄，因而一而再、再而三地触犯刑法。所以对性犯罪分子的改造，一般要比其他类型犯罪分子难度大。

⑥ 并发性。即性犯罪往往诱发多种犯罪。如为了实施性犯罪，需要大量挥霍，故此去偷、抢、打、杀，得逞后就进行赌博、嫖娼，等等。性犯罪与其他犯罪交织在一起，互相影响，互为因果，如此恶性循环，使犯罪活动更加猖狂，给社会带来严重的危害。

⑦ 团伙性。性犯罪有许多是以团伙的方式进行的，且团伙性的性犯罪在青少年中居多。团伙性犯罪比单个性犯罪具有更大的危害性。尤其在流氓团伙内的女流氓，往往在发展团伙、拉人下水、稳定团伙方面起到男流氓起不到的作用。

⑧ 隐蔽性。性犯罪的被害人一般都是女性，封建的传统观念往往使她们在性问题上难以启齿，更怕公开以后遭到歧视、难找对象、影响夫妻关系，等等。所以许多被害者强忍苦痛，不敢报案。这样，客观上强化了罪犯的侥幸心理，无疑是怂恿了性犯罪。

⑨ 掩护性。有一些性犯罪分子利用其身份、地位进行性犯罪，给党和国家带来严重的危害。

所以，性犯罪行为的主要危害有：严重的社会危害性，这是最本质的特征；对他人的严重损害，性犯罪行为严重损害被害人的人身等合法权益，造成生理上及心理上的创伤和痛苦，严重影响今后的婚姻家庭生活，有的甚至危及生命；对行为人自身的危害，一切犯罪分子都是以害人开始，以害己告终，这是不以人们意志为转移的客观规律；对自己家庭的危害，一切性犯罪分子在危害社会、危害人民的同时，给自己的家庭也会带来难咽的苦果。

（4）性犯罪的原因

了解性犯罪的原因，有助于预防性犯罪。任何犯罪，其主观和客观原因都缺一不可，性犯罪也是如此。性犯罪既有客观的社会原因，也有主观的个人原因。

性犯罪的主观原因是指犯罪分子个体自身的原因。如生理的、心理的、道德及法律意识的原因，等等。比如强奸犯，一般来说是“性欲过分亢进者”。（《现代性医学》，薛北英等，人民军医出版社，1995年12月）性欲是一种性心理现象，性欲过分亢进，既有生理因素也有精神因素。如果一个人的人格发育有缺陷，或基本上是反道德的、反社会的人格，这种人就很容易受性欲的驱使而走向性犯罪。

青少年性犯罪的主观原因与成年人性犯罪不同。有研究表明，“青少年的性欲冲动已发展到个体一生中的最高峰”，（《青春期危机》，皮艺军，春秋出版社，1989年1月）在这一时期他们的心理尚未成熟，社会化程度很低，这种身心发展不平衡状态往往成为青少年性犯罪的主观原因。其一，青少年还未彻底完成身心的发育，追求快感的体验在青少年那里比较容易战胜原本就薄弱的道德意识；其二，由于性发育的成熟与能够发生性行为（婚姻）的时间间隔太长，这期间出现的各种形式的性信息几乎都成为诱发性欲的刺激源，尝试的念头、满足好奇心的欲望，往往成为性犯罪的最初动机；其三，青少年法律观念淡薄，把性的恶作剧当作一种独特的娱乐方式，甚至结成团伙集体淫乱，或者在大庭广众之下进行性骚扰，等等。

性犯罪的客观原因，主要是指来自社会和家庭的不良影响。社会的不良影响，主要是西方“性解放”思潮的影响。这种影响通过社会上的人际交往和大众传媒扩散、蔓延，成为性犯罪的主要诱因。还有大众传媒的影响，即指“黄”毒的危害。“黄”色毒品像“精神鸦片”一样，毒害人的灵魂、消磨人的意志，特别对青少年身心的摧残，可以说是触目惊心的。

家庭的不良影响，往往也是性犯罪的重要原因。比如父母离异、家庭结构不健全，孩子从小缺少父爱或母爱；家庭不和睦，夫妻纠纷充斥整个家庭生活；过分溺

爱子女或对子女过于严厉，等等。这些都容易扭曲孩子正常的心理和情感，使之形成孤僻、自私、任性、放肆、蛮横等不良性格，致使孩子在某种诱因的挑动下，误入性犯罪的迷途。另外，家庭成员生活作风不检点，也是导致性犯罪的重要诱因。

总之，这些主客观原因相互联系、相互作用，诱发了性犯罪。因此，性犯罪的发生似乎是偶然的，但偶然的后面隐藏着必然。正是对这种促成性犯罪必然因素的了解，为预防性犯罪提供了可能。

4．性犯罪的预防

性犯罪预防既有消极的预防，也有积极的预防。消极预防是指对犯罪分子的防范和改造；积极预防是指防患于未然，即从性教育入手，让更多的人成为守法公民。特别是从青少年时期就进行性教育，使更多的青少年掌握科学的性知识，成为健康成长的守法公民。

预防性犯罪是一个重大的社会课题，它需要动员个人、家庭、学校和社会共同努力，齐抓共管，才能够奏效。

（1）个体防范

个体防范主要指个体的自我预防和个体对于性犯罪侵害的预防。

① 个体的自我预防。

首先，要根据个体的年龄特点，使其了解必要的性知识，破除性迷信和性愚昧。如青少年尚未达到成人的身心发展水平，因而对性知识的了解也只能限于青春期性知识。青少年性犯罪的事实告诉我们，到了性成熟年龄，不了解性知识不行，所了解的性知识不适合青少年身心发展的特点也不行。正由于这种“度”的难以把握，导致许多家长，甚至学校均对性知识持排斥态度。这无疑是在把青少年推向社会，使他们在蒙昧无知的状态下，仅凭性欲的驱使去探索、去尝试，这往往会走向事情的反面，使无辜的青少年变成阶下囚。

其次，要培养健康的性心理品质，增强性法律意识，提高个体对社会性道德和法律规范的适应能力。健康性心理品质的培养首先要陶冶良好的个性。如防止和克服个性心理品质中的缺陷，包括自私自利、不自尊自重、自制能力差、虚荣心强、嫉妒、任性、蛮横，等等。这些不良个性都会导致不健康的性心理，极容易形成性犯罪的心理状态，比如：为满足自己的性欲冲动，而侵犯他人；想爱谁、就爱谁，无视道德和法律的约束；出卖色相，放纵性欲，为所欲为，等等。

再次，对于色情淫秽等“黄”色毒品，具有抗拒诱惑、腐蚀的能力。做到不与不三不四的人结交往来，不看“黄”色书刊、影视、录像，等等。

② 个体对于性犯罪侵害的预防。个体对于性犯罪侵害的预防，要做到敢于斗争、不畏强暴、大胆揭发。许多性犯罪分子，就是利用被侵害者怕张扬出去影响名誉的心理，实行性犯罪的。如果人们能够抛弃陈腐观念，大胆同性犯罪行为进行斗争，既有助于保护自己，也有助于对性犯罪分子的捕获和惩办。

（2）优化家庭影响

家庭是社会的基本细胞，家庭影响的优化无疑对人们形成良好的思想品质、行为习惯等具有重要意义。特别是尚未独立的青少年，家庭环境的耳濡目染，对其性格、品质、习惯等的影响几乎是决定性的，难以更改的。家庭影响的优化首先表现在家庭生活和睦。不和睦的家庭，往往会引起婚外性生活，并导致离异。青少年生活在这种环境中，很容易疏远父母、家庭，形成某种性格上的缺陷，以至于与不三不四的人结交，误入歧途。

家庭影响还包括家庭对子女的教育。父母要讲究对子女的教育方法，使他们在感情上能够感受到父母的关心和家庭的温暖，在思想行为上又能受到良好的熏陶和严格的规范。让孩子从小就培养个体需要与外在规范的良好的适应能力，以为他们性成熟以后具备良好的性适应能力奠定基础。

另外，由于传统教育把“性”排除在外，所以现在的成年人一般都不具备必要的性知识，特别是不具备对子女进行性教育的能力。性知识的匮乏，以及受“性解放”思潮的影响，一方面使成年人自己对有关性的“文化”极感兴趣；另一方面有些成年人并不检点自己的性生活，这些对青少年的影响都是极为恶劣的。所以，家庭影响的优化，是家庭中每一个成员共同的事情。家长要做到洁身自好，子女也要以主人的态度积极促进家庭的文明。

（3）学校要开展性教育

《中华人民共和国未成年人保护法》规定：“学校应当全面贯彻国家的教育方针，对未成年学生进行德育、智育、体育、美育、劳动教育以及社会生活指导和青春期教育。”把青春期教育列入学校教育，并以法律的形式公布，这是我国学校教

育的一个新的突破。学校开展性教育是预防性犯罪，促进青少年健康成长的主渠道。一些学校通过开展性教育前后对比表明，青少年学生中许多不正常的性反映在经过性教育以后都有明显的好转。

（4）净化社会大环境

净化社会大环境是预防性犯罪的重要措施。社会大环境的净化，主要是对传播"性解放"思潮的"黄毒"的清理和惩治。这些精神毒品和文化垃圾的泛滥，严重干扰了社会主义精神文明建设，败坏了社会风气，腐蚀着人们的灵魂，成为一大社会公害。

净化社会大环境要从两方面入手。一方面是加强法制管理，严禁"黄毒"流向社会；另一方面是提高公民和广大青少年的道德法律意识，教育青少年像远离毒品一样远离淫秽色情的黄色书刊、影视、录像，自觉抵制"黄毒"的腐蚀。只有这样，社会大环境才有可能彻底净化，"黄毒"才有可能得到彻底根治。社会环境净化了，性犯罪就缺少了滋生的土壤。

总之，有关性犯罪的预防，一定要针对性犯罪发生的原因去采取措施。要综合治理、齐抓共管，才能真正做到有效预防。

第二节 性侵害的自我防护

性侵害是指给受害者身心造成严重伤害性体验和生理疾患的性行为。性侵害行为对受害者的人身构成直接侵害，根据其手段、侵害程度等情况，表现为性骚扰、强制猥亵、侮辱和强奸。中职生一方面要学习必备的性知识，另一方面也要学会运用所学的性法律、性生理卫生和性防卫知识有效地实施性保护，本节主要介绍对性骚扰及强奸的防范。

一、性骚扰及防范对策

1．性骚扰及构成的侵害

（1）性骚扰的含义

性骚扰一般是指一个人以某种引诱或威胁为要挟，将自己的性欲强加于他人，迫使他人服从自己的性意志。

性骚扰的形式包括对异性表现出低级粗俗的性侵扰欲望，浪言疯语的挑逗，违反妇女意愿的抚摸，拧捏和调情。有时是让人感到不舒服、委屈的暗示和肮脏下流的笑话，淫秽、猥亵的言论和要求；有时是对异性身体的有意碰触；以及发生性关系的意图等。

（2）性骚扰构成的侵害

形形色色的性骚扰从行为或情节上看不同于“强奸”“流氓”“色情伤害”等罪行，对受害者的人身构成严重的伤害。它通常只是使受骚扰者产生一种受侮辱的恶感。有的被性骚扰者也可能会导致严重的心理创伤，如焦虑以及异性交往障碍等。

性骚扰的对象主要是女性，但男性也可能遭到性骚扰。在校的女学生也时常能碰到。据美国妇女法律保护与教育基金会的调查表明，89%的女中学生曾遭到口头性骚扰，83%的女性承认被异性触摸过。性社会学学者秦云烽对我国106名女大学生的调查表明，从未遇到过性骚扰的有56人，占52.8%，偶尔碰到性骚扰的有42人，占39.6%，不止一次碰到性骚扰的有4人，占3.8%。这说明近半数的女大学生有过被性骚扰的经历。女性在公共汽车、人多的公共场合、办公室、工作场所以及电梯间等受到男性的有意挤碰、贴靠；还有的女大学生在校门口受到一些社会男青年的无理纠缠，要求交朋友或者用淫言秽语挑逗，以此取乐；或是偷看异性洗澡、如厕；或是有意在电话中寻找女性，说不堪入耳的下流侮辱话；有的男子甚至在马路边，对着女性，掏出自己的生殖器，在女性的惊骇、羞恼中寻找性快感，等等。

总之，性骚扰是一种下流、低级的性宣泄，是对异性的一种侮辱行为。

2．性骚扰产生的原因

性骚扰产生的原因既有实施者本人的主观原因，也有来自被骚扰者自身的原因。

（1）性骚扰者的主观因素

① 以势压人占便宜。大量事实表明，性骚扰以来自女性所熟悉的又有某种优

势、权势的男士为多。如女性的上级领导、顶头上司、经理、老板、合资企业的外资代办等。他们中的一些人不把对女雇员的性骚扰当成侵害问题看待，甚至还当成理所当然的事情，认为是自己权力的体现；一些人利用女部下有求于己的心态，借机进行性骚扰，占她们的便宜。

② 受严重淫乱思想的驱使。一些实施性骚扰的男性本身是好色之徒，见到有姿色的年轻女性就动淫乱邪念。一些人把追求婚外性骚扰当成潇洒；一些人因受人格不健全或怪戾性心理支配，以实施性骚扰寻求刺激；一些思想品质恶劣的男性或单个或结伙，在社会上公开对女性青年进行挑衅，并以此为乐。

③ 受青春期性冲动的驱使。一些实施性骚扰者是初涉世事的青年，甚至是少年。这些人刚刚进入性成熟期，强烈的性欲使他们处于性躁动状态，又由于缺乏科学性知识的正确引导，就可能在好奇心驱使下实施性骚扰。

④ 出于性饥饿的需要。有些单身男性虽已成家，但因某种原因不能过正常的性生活，在生理上长期处于性饥饿状态，又缺乏完善的人格和自我约束能力，一旦与女性相处而有机可乘时，就可能产生难以遏止的性冲动而实施性骚扰。

⑤ 帮人解难以图回报。有些男性可能在女性遇到困难需要帮助时，毫不犹豫地伸出援助之手，帮她们摆脱困境。对此女性往往深表感激，一些思想意识差的男性乘机向女性提出性要求，进行性骚扰。

⑥ 搞“恶作剧”取乐。一些作风不正派，文化层次不高的男性，在与年轻女性接触的过程中，追求低级趣味，在性问题上拿女性取乐，制造以性为内容的恶作剧。

⑦ 作为获得爱情的手段。有的男性对某女性有好感，但在对方不以为然或犹豫不定时，为了把对方弄到手，也可能采取性骚扰或性强暴手段，让“生米做成熟饭”。

（2）受到性骚扰的自身原因

性骚扰作为一种社会丑恶现象，从表现形式上看，男性是主要侵犯者，居于主动地位，是问题的主要方面。但是，一些性骚扰的产生，有时候也由被骚扰者的自身原因引起。也就是说，不轨男性对于女性的骚扰也是有一定选择性的，他们往往把那些他们认为可能骚扰成功的女性作为攻击的目标。这些女性的自身原因主要表现为：

① 过分贪财。金钱有很强甚至难以抵挡的诱惑力，过分贪财的女性往往威胁到自身的贞操，甚至带来严重的后果。

② 授人以柄。主要是那些生活作风不检点，有过失污点，又没勇气正视自己过去的瑕疵的女性。

③ 贪图享乐。主要是过分追求物质享受，好吃懒做的女性。

④ 衣着薄露。女性衣着过于袒胸露乳或太薄、太紧、太透，或打扮过于妖冶、浓妆艳抹，都可能对男性产生性刺激，因而招来性骚扰和不测。

⑤ 举止轻浮。男性往往以女性的举止表情来判断其道德水准，进而决定对策，采取相应的行动。那些在公共场合举止轻浮、站没站相、坐没坐相，东倚西靠的女性，就可能引起男性非分的性联想，从而引来性骚扰。

⑥ 情感直露。有些女性在表达情感时，不分事情场合，过于直露，甚至感情用事，很容易被不轨男性所利用，乘机占她们的便宜。

所以，年轻女性如何从自身做起，减少可能受到性骚扰的诱因，有效地避免被性骚扰，是一个值得高度重视和认真思考的问题。

（3）性骚扰的防范

防范和对付性骚扰是维护自身权益和人格尊严的特殊战斗，它不但需要勇气，而且需要机敏和策略。当性骚扰不幸降临到自己头上时，应采取适当措施战胜骚扰者，有效保护自己的性权利，下面一些行之有效的方法，可以借鉴。

① 无声反击法。当在社交场合遭到性骚扰时，用言语大声斥责并不恰当，最好的办法是以锐利的目光和强烈的反击性动作制止对方，以达到扼制对方恶劣行径的目的。

② 大声传扬法。在一般公共场合面对性骚扰时，可以当众大声揭露、斥责其丑行，发出严厉的警告，把对方置于尴尬境地，以达到制止骚扰的目的。

③ 先礼后兵法。对于来自关系较为亲近的异性，就要分析原因，不能简单行事。因为有可能是对你有感情，因爱而一时冲动；有可能是下意识的亲昵动作，对你构成骚扰，他本人并无恶意；还有可能是一念之差。此时首先应采取温和但严正的口吻表明自己的反感态度和拒绝之意；如不奏效，就应坚决回击，与之较量，维护自己的尊严。

④ 恭维自律法。当遇到有地位、有身份的异性的性骚扰时，可以恭维的方式激发对方的自尊心和荣誉感，以此激励对方内在的积极因素，引导对方自律，从而自觉放弃不轨行为。

⑤ 委婉暗示法。就是在制止比较熟悉的同事、上司的性骚扰的过程中，并不与骚扰者正面交锋、斥责批判，而是用委婉的语言，把自己的不悦和拒绝意向，以及不利于骚扰者的因素暗示出来，让对方意会而自觉中止骚扰行为。

⑥ 要挟制止法。就是面对熟悉的骚扰者时，有意识地抓住对方的要害问题，以此作为王牌，加以要挟，迫使对方中止骚扰。

⑦ 以牙还牙法。就是遇到性骚扰时，针锋相对，正面迎战，接过石头打人，把对方的恶行曝光，将其邪气压下去。

⑧ 借助外力法。有时女性仅靠自己的力量战胜性骚扰是不够的，可借助亲友、在场人员、路人等的力量，制服骚扰者，使自己免受侵害。

此外，还可运用机智自救法、拼死自卫法、以法护身法等。对付性骚扰，必须有很强的法律意识。一是法律可以给女性坚决斗争的力量，给骚扰者以心理上的震慑；二是女性可以运用法律的武器来维护自己的尊严和正当权益。如果一味地委屈忍让、自吞苦果，或以私了方式得到一笔金钱的补偿，不但不能使骚扰者受到应有的惩罚，反而留下后患，破坏社会安定。事实上，离开了法律，单靠自己、亲友的力量，有时是很难进行自我保护的。尤其是年轻女性，一旦受到性骚扰，应视情节的轻重，选择必要的形式做斗争，直至诉诸法律，利用法律的权威来保护自己的尊严和权益。

二、对强暴的防范

1．外出时的预防

为了预防性侵犯，年轻女性外出时应注意以下一些问题。

① 养成外出留言的习惯。外出和离家之前，一定要把自己的去向、有哪些同伴、去做什么事、大概什么时间回来告诉家人。

② 在外逗留时间不可太长。天色晚后不要在野外和公共场所逗留，也不宜随便在同学、朋友家里过夜。如回家不便，要坚持由同学、朋友家人送，或叫家人来接你回家。

③ 走夜路要尽量挑路宽、人多、灯亮的路走。不得已要走僻静小巷时，一定要有可靠的男朋友和家人接送。遇到不怀好意的人尾随，可尽快找一人家或单位求助。

④ 要尽量避免到僻静的地方。如城乡结合地，新修建的住宅区，旷野，田间，偏僻的路旁，河边等。

⑤ 单身出门要有防范意识。不要单身搭乘陌生人驾驶的车辆；打的士时不要坐在男司机的副驾座位，最好坐后排；夜间最好不要单独去打的士。

2．受到强暴威胁的呼救

（1）呼救的作用

呼救是同违法犯罪分子做斗争的一种战术。因为违法犯罪分子虽然表面上张牙舞爪、残暴凶恶，但色厉内荏，本质上是虚弱的，“做贼心虚”仍是性违法犯罪分子的本质心理特征。尽管违法犯罪分子事先也做了充分的思想准备，妄图以身试法，但违法犯罪行为的危险性和法律的威严性必然会使他们处于欲罢不能，想干又怕的紧张、焦虑和恐惧等矛盾的心理冲突之中。在此情况下，呼救不仅可以引起周围群众的注意，使之能前来援助，而且也能对犯罪分子构成一定的心理威胁。

研究表明，有些违法犯罪分子之所以敢在大白天、在居民住宅区、在频频得手的地方反复作案，盯住某个目标一直不放，往往都是由于被害者胆小怕事、不敢呼救，从而在客观上起到了帮助犯罪分子侵害自己的作用。

（2）有效的呼救方法

受到性强暴威胁时，有效的呼救应做到：

① 呼救最好选择在周围群众听得到的情况下进行；

② 呼救时要胆大声高，不要不好意思，要具有真实感、紧迫感；

③ 呼救时吐字和用词必须能引起周围群众的切实注意。如直接明确地哭喊：“救人啊！救命啊！”不要用：“走开！你想干什么？别碰我！”这类易让人误以为你是与别人发生争执，而不愿介入；

④ 呼救也可借助非语言形式。如在室内可利用物体砸碎窗玻璃发出响声以及其他能引起别人注意的方法；

⑤ 呼救时要大胆、果断地揭穿犯罪分子假称是兄妹、恋人等的谎言，以免使旁人造成错觉；

⑥ 呼救后要想方设法及时脱身，防止犯罪分子狗急跳墙。

3．遭受强暴时的自卫

① 趁势攻击，抓住要害。一般男性比女性身材高，四肢长，力气大。女性首先要巧妙周旋，以求尽快脱身；若是在已被困住难以脱身时，干脆大胆近身，使其四肢施展不开，再相机自卫。自卫要抓对方的薄弱环节。强奸犯罪分子的身体有两处是薄弱环节：一是脸部。可待其在施暴时，用手猛力戳、抠罪犯的眼睛；用拳头和头部打击罪犯的鼻脸部位；待其在强奸时猛咬鼻子，嘴唇或舌头，使其失去进攻力，也为以后侦破提供有力证据。二是小腹和生殖器。从生理学上来看，猛捏和压迫男性生殖器可使他四肢无力，产生剧痛乃至休克、死亡。待罪犯扑到身上时，可猛踢小腹或乘机抓住其睾丸部分并用力捏紧，使其产生剧痛而无法进行犯罪活动。

这种防卫可能使罪犯丧心病狂，遭受其更残忍的报复和侵害。但无论你是否进行防卫，一般强奸犯都会实施强奸后杀人。所以，采取积极的防卫是必要的。

② 虚实结合，真真假假。可在给对方以自己软弱、不堪一击的假象时乘机猛烈还击，震住对方，也可向别的任意方向呼唤“爸爸”等。

③ 利用地形，就地取材。有利地形是指位置高、背后无障碍、安全、便于脱身和隐蔽的一些能攻易守之处。（《性心理咨询》第243页）就地取材是指可利用现场的一切可以利用的物品，如野外的石块、棍棒、泥沙、室内的家具、陈设物、有锐利棱角的物体或水塘等。

④ 政策攻心，以理取胜。即用心理力量战胜罪犯，特别是那些意志薄弱的青少年罪犯。对其“晓之以理”，指出犯罪的危害和后果，用法律的威力震慑住他们，使其终止犯罪意图。

4．被强暴后的对策

女性被强暴后不应仅仅沉浸于恐惧、痛苦和悲伤之中，而应及时作出相应的对策。主要有：

① 防止受孕。被强奸后，要立即站起来，下蹲，将精液尽量排出、擦尽。此外，可在医生指导下，取18甲基炔诺酮和炔雌酮，于被强奸后72小时内口服，12小时后再服1次，避孕效果可达98%，服药后21天月经来潮。此法适用于月经周期第九至二十天内被强奸的女性。如果服药21天后月经未来潮，则要想到受孕的可能性，

要尽快采取中止妊娠的措施。若无上述药物供应，或被强奸后已超过72小时，但尚未超过5天，可去医院放置“V”形带尾丝的宫内节育环，等月经来潮后再取出。若月经过期5天仍未来潮，则可能已怀孕，要立即采取措施。

② 注意性病。有些强奸犯滥交成性，可能染有多种性病，被其奸污后，应及时去医院做一次检查治疗，以免延误病情的诊治。

③ 及时报案。被强奸后应及时报案，不能由于怕人知道而忍气吞声。否则强奸犯会更加猖狂，有恃无恐，再去作案。要相信公安机关在处理这类案件时一定会为受害者保密。报案会使罪犯尽快伏法，为社会除了害，也为自己的心理找到了平衡。

此外，女性还要学会机智自救，甚至以死相拼来威慑强暴者。有条件的，学几招防止被强暴的方法，以柔制刚，击打要害，有效地实行自救，也是十分必要的。

拒绝不良诱惑

【案例】

传说古希腊有一个海峡女巫，她用自己的歌声诱惑所有经过这里的船只，使它们触礁沉没。智勇双全的奥德赛船长勇敢地接受了横渡海峡的任务。为了抵御女巫的歌声，他想出了一个办法。

奥德赛船长让船员把自己紧紧地绑在桅杆上，这样，即使他听到歌声也无法指挥水手；同时，他让所有的船员把耳朵堵上，使他们听不到女巫的歌声。结果，船只顺利地渡过了海峡。

分析：我们身处社会一定会遇到许多形形色色的不良诱惑，而且这些不良诱惑会给我们带来很大的危害，但我们在它们面前并不是无能为力的，聪明的人总能想出办法来抵制这些不良诱惑。当然，要想顺利找到抵制的方法并非一件易事，因为这些诱惑往往会披着美丽的外衣让我们迷惑，难以分辨。特别是正处于青春期的你们，阅历浅、经验少，又好奇又冲动，更加难以抵制不良的诱惑。不过，没关系，

俗话说众人拾柴火焰高，相信我们集体的智慧一定可以找到抵制不良诱惑的方法。现在我们就一起进入今天的课题——拒绝不良诱惑。

一、诱惑的分类

情境一：下午放学了，教室里还剩下几名同学，小明拿出扑克，邀在场同学一起玩。

情境二：小刚有一道数学题怎么也做不出来，眼看着同学们都出去玩了，教室里只剩下他一人了，他有些着急，同桌的作业本就放在桌子上。

情境三：大家都认真地听老师讲课，这时，小林很快地把正在聚精会神听课的同桌的笔记本传给小刚，让小刚把它藏起来。

情境四：课堂上，小君和乐乐交头接耳讲话，老师制止了他们的行为。可过了一会儿，他们又犯了同样的错误，并且说："我们也知道这样不好，可我们管不住自己。"

小组讨论：面对以上诱惑，你会怎么办？

下面这些诱惑，请同学们给它们分分类：

上网、游戏、吸烟、零食、金钱、成功、荣誉、酗酒、吸毒、领奖台、赌博。

在我们生活的周围，存在着很多诱惑，对我们青少年充满了强烈的吸引力，往往能成为一种前进的动力，对我们的成长起促进作用，是积极的诱惑。电子游戏是一种新型的娱乐，它对于开发人的智力、发掘人的潜能等有一定的好处，但必须有所节制，不能沉溺其中，是中性诱惑，对于中性的诱惑，关键要看实现的途径和手段是否恰当。但"黄、毒、赌、邪教"等不良诱惑对我们的身心发展则是完全有害的，是必须坚决"拒之门外"的消极诱惑。

二、毒品的诱惑

鸦片，曾经是英国殖民者打开近代中国大门的敲门砖，鸦片战争导致割地赔款，"东亚病夫"的屈辱称号使中国人蒙羞百年。从林则徐虎门销烟起，中国人民发动了多次禁毒运动。新中国成立后，政府采取强有力的措施，仅三年，就将毒品一扫而光。

但是，从20世纪80年代开始，开放的中国再度面临毒品的威胁。在国际毒潮的侵袭之下，毒品又沉渣泛起。目前登记在册的吸毒人员已超过了百万，这一数据令人震惊。

1．毒品种类

各类毒品，根据不同的标准有不同的划分方法。联合国麻醉药品委员会将毒品分为六大类：吗啡型药物（包括鸦片、吗啡、可卡因、海洛因和罂粟植物等）是最危险的毒品；可卡因，可卡叶；大麻；安非他命等人工合成兴奋剂；安眠镇静剂（包括巴比妥药物和安眠酮）；精神药物，即安定类药物。

世界卫生组织（WHO）将当成毒品使用的物质分成八大类：吗啡类，巴比妥类，酒精类，可卡因类，印度大麻类，苯丙胺类，柯特（KHAT）类和致幻剂类。其他还有烟碱，挥发性溶液等。目前毒品种类已达到200多种。从近些年来广州所查获的吸毒人员所吸毒品来看，主要有海洛因，其次是苯丙胺类即“冰”毒等种类。

2．毒品的危害

（1）吸毒对家庭的危害

家中一旦出现了吸毒者，家不成家，使家庭陷入经济破产、亲属离散甚至家破人亡。

（2）吸毒对社会的危害

① 对社会生产力的巨大破坏：吸毒导致身体疾病，影响生产，造成社会财富的巨大损失和浪费。

② 毒品活动扰乱社会治安：毒品活动加剧诱发了各种违法犯罪活动，扰乱了社会治安，给社会安定带来巨大威胁。

（3）吸毒对身心的危害

① 吸毒对身体的毒性作用：感觉迟钝，运动失调，妄想等。

② 精神障碍与变态：最突出的是幻觉和思维障碍，还会因吸毒而丧失人性。

③ 依赖性：吸毒者出现一种渴求用药的强烈欲望，驱使吸毒者不顾一切寻求毒品，许多吸毒者一而再、再而三反复吸毒。

④ 感染性疾病：静脉注射给滥用者带来感染性和并发症，最常见的有化脓性感染和乙型肝炎及艾滋病等。

【案例】

杜远东出生在一工人家庭，1982年经营服装批发，后积累下百万家产。1990年，在“牌友”的引诱下，他开始吸食“打啡”（掺吗啡）的香烟，此后发展成为吸食海洛因，平均每月花耗毒资高达万元，身体健康也每况愈下。1998年，近百万元的家产被毒品吞噬得一干二净。2001年10月20日，因毒瘾发作持刀闯入一居民家中，以武力威胁，抢走了一枚金戒指，获赃款505元。同年12月，被人民检察院依法逮捕。

思考：杜远东从百万富翁沦为劫匪说明了什么？

分析：吸食毒品不仅会消耗巨额财富，直接影响身体健康，引发各种疾病，而且会带来一些社会问题，甚至引发各种违法犯罪活动。

特别提醒：吸毒是违法行为，贩毒是国家严厉打击的犯罪行为。

三、“黄毒”的危害

一旦涉“黄”，轻者会精神委靡、纪律涣散、不思进取，重者极易诱发性犯罪及与之相关的暴力犯罪和经济犯罪。

中职生不能放松对自己的要求，要坚决抵制这些有害物质的侵蚀，拒一切“黄毒”于千里之外。

四、赌博的危害

1．赌博的形式

赌博主要有打牌、搓麻将、赌马、博彩等。

【案例】

在韶关某酒店的舞台上，一位着西装、双腿断了一半、左手断了三个手指的中年“歌手”在演出前痛哭流涕地向观众诉说他“豪赌”的过去和自己惨痛的现在，感人肺腑，发人深省；一曲《水手》“苦涩的沙，吹痛脸庞的感觉，好像父亲的责备母亲的哭泣永远难忘记……”，久久萦绕在人们心头。

2．赌博的危害

赌博上瘾就很难回头，常常是倾家荡产、家破人亡，最终是害人害己、害家害国。赌博毒化人的灵魂，泯灭人的良知。

【案例】

17岁的赵佳在假期结识了一些社会上的不良分子，并在他们的诱惑下多次参与赌博，还欠下500多元赌债。为了偿还赌债，赵佳多次手持三棱刮刀，强行劫取9名小学生的财物，得赃款400余元人民币。人民法院认定赵佳犯了抢劫罪，依法判处有期徒刑。

分析：中职生赌博有百害而无一利，一方面占用学习和休息时间，影响学习成绩和身体健康；另一方面，也让未成年人产生贪欲。同时，赌博一上瘾，就难以改正，诱发违法犯罪。

五、邪教的诱惑

邪教是披着宗教外衣的歪理邪说，具有反科学、反人类、反社会的特征。它宣扬歪理邪说，蒙骗群众，敛财害命，挑动制造事端，具有极大的社会危害性。我们青少年学生一定要崇尚科学，反对迷信，拒绝邪教。

六、抵制不良诱惑的方法

不良诱惑是潜在杀手，开始阶段可能意识不到它的危害性，一旦深陷其中，就难以自拔，往往要付出沉重的代价。

青少年要善于鉴别身边的不良诱惑，并学会用科学的态度、正确的方法摆脱它们的干扰，避免其对自身和他人造成伤害，增强自我保护意识、法律意识，学会用法律的武器来维护自己的合法权益。

（1）后果联想抵制诱惑——可以联想自己能够拒绝不良诱惑的美好前景和未来，还可以联想不能拒绝不良诱惑的不良后果。

（2）避开诱因、转移视线——最好把引起诱惑的实物隐藏起来，眼不见心不烦，或者参加积极健康的班集体活动，或者多与同学交流谈心。

（3）婉言谢绝朋友，提高自制能力——依靠自己的自制力、智慧和一定的技巧回绝朋友的邀请。

（4）专时专用，改正不良习惯——为了防止做某种自己着迷的事情而超时，严格分配自己的时间，以不同的方式提醒自己，什么时间该做什么事情。

附 录

青春期健康知识竞赛试题（男生卷）

（时间：120分钟；总分：100分）

一、选择题（每小题1分，共70分。每小题只有一项符合题目要求）

总论

1. 我们生命的起点是（　）。

A. 受精卵　　B. 精子　　C. 卵细胞　　D. 婴儿

2. 一般地，人的孕期需要几个月的时间？（　）

A. 8个月　　B. 9个月　　C. 10个月　　D. 11个月

3. 人体生长发育可分多个阶段，其最后阶段是在（　）。

A. 幼儿期　　B. 童年期　　C. 青春期　　D. 青年期

4. 青春期的年龄在国际上界定为10～20岁，我国习惯把（　）岁称为青春期？

A. 10～18　　B. 11～18　　C. 12～18　　D. 13～18

5. 第一性征又称主性征，在出生时就基本完备了，它是指（　）。

A. 两性外形上的差异

B. 两性生殖器官的差异

C. 除生殖器官外，两性在性别上特有的差异（如长胡须、乳腺发育等）

D. 两性在个子高矮上的差异

6. 第二性征又称副性征，要在进入青春期后才出现，它是指（　）。

A. 两性外形上的差异

B. 两性生殖器官的差异

C. 除生殖器官外，两性在性别上特有的差异（如长胡须、乳腺发育等）

D. 两性在个子高矮上的差异

7. 下列对青春期特点的叙述中，不正确的是（ ）。

A. 是指神经系统开始发育的阶段

B. 是指生殖器官开始发育到成熟的阶段

C. 是指人体形态和功能显著变化的阶段

D. 是童年到成年的过渡阶段

青春期生理

8. 男孩青春期发育比女孩青春期发育出现（ ）。

A. 早些　　B. 迟些　　C. 几乎同时

9. 男性的第二性征不包括（ ）。

A. 喉结突出　　B. 身高增长　　C. 皮肤变细腻　　D. 声音变大变粗

10. 下面哪个部位不属于男性第二性征的描述范围（ ）。

A. 喉结　　B. 阴茎　　C. 胡须　　D. 肌肉

11. 男性生殖器官由内、外生殖器两个部分组成，其中内生殖器不包括（ ）。

A. 睾丸　　B. 输精管　　C. 附属腺（如前列腺）　　D. 阴囊

12. 男性外生殖器官包括（ ）。

A. 阴茎和睾丸　　B. 阴茎和阴囊　　C. 排精管道　　D. 附睾

13. 睾丸的主要功能是哪两个？（ ）

A. 产生精子和分泌雄性激素　　B. 产生精子和分泌生长激素

C. 分泌尿液和分泌雄性激素　　D. 分泌尿液和分泌生长激素

14. 男性青春期性功能发育开始的标志是（ ）。

A. 出现阴毛　　B. 喉结的增大　　C. 出现遗精　　D. 阴茎的增大

15. 男性遗精是（ ）。

A. 正常的生理现象　　B. 身体疾病

C. 不良意念的结果　　D. 受意志控制的行为

16. 青春期常见的一种慢性毛囊皮脂腺炎症俗称“青春痘”，在医学上我们称为（　）。

A. 慢性皮炎　　B. 过敏性丘疹　　C. 痔疮　　D. 痤疮

17. 下列不是导致青春痘出现的原因为（　）。

A. 焦虑、压力和睡眠不足引起内分泌改变

B. 面部皮肤毛囊发炎

C. 家族遗传

D. 在性激素的作用下导致皮肤分泌油脂增多

18. “青春痘”的自我护理方法错误的是（　）。

A. 加强皮肤护理

B. 出现“青春痘”要及时用手去抠、挤，以尽早清除

C. 痤疮局部发生感染后，用四环素或红霉素软膏可很快消除

D. 要注意饮食卫生，不抽烟，不喝酒

19. 青春期男孩子也会出现乳房变大的现象，这主要是因为（　）。

A. 身体内出现雌激素　　B. 男孩女性化的变异

C. 胸肌的发育　　D. 内分泌紊乱

20. 青春期生长发育处于第二个高峰期时营养物质的需求应是（　）。

A. 多吃饭，少吃菜　　B. 食物要多样化，不偏食，不挑食

C. 不吃肉、多吃菜　　D. 少吃饭，多吃水果

21. 下列哪些是正确的青春期性保健？（　）

① 不适于穿过紧的牛仔裤；② 包皮过长应到医院割治；

③ 要养成良好的生活习惯，不抽烟、不喝酒、不熬夜；④ 频繁手淫。

A. ①②③　　B. ②③④　　C. ①②④　　D. ①③④

22. 过度或频繁手淫会引起下面哪些不良表现？（　）

① 性格孤僻；② 意志薄弱；③ 记忆力减退；④ 神经衰弱。

A. ①②③　　B. ①②④　　C. ②③④　　D. ①②③④

青春期心理

23. 青春期心理以两大觉醒为标志，即（　）的觉醒和性意识的觉醒。

A. 社会意识　　B. 道德意识　　C. 自我意识　　D. 学习意识

24. 青春期以（　）觉醒为人格发展标志。

A. 社会意识　　B. 道德意识　　C. 自我意识　　D. 性意识

25. 青春期以（　）的觉醒为走向成年的象征。

A. 社会意识　　B. 道德意识　　C. 自我意识　　D. 性意识

26. 自我意识觉醒的显著特点不包括（　）。

A. 关心自己的外在形象　　B. 强烈的“成人感”

C. 关注自己的内心世界　　D. 更加依赖父母

27. 青春期会碰到一些心理和生理上的疑惑，不宜通过以下哪种方式去解惑。（　）

A. 低俗刊物和网站　　B. 与老师交流

C. 与父母交流　　D. 科普读物

28. 青少年要远离不良信息应自觉做到（　）。

① 不看黄色书刊或录像；② 不听歪门邪道的性故事；③ 开一些有关性的低级玩笑；④ 不做越轨的事。

A. ①②③　　B. ①②④　　C. ①③④　　D. ②③④

29. 青少年需节制“网聊”、慎交网友是因为（　）。

① 网络世界具有虚拟性的特点，聊天的双方很难获得真实的了解

② 部分青少年缺少社会经验和自我保护意识

③ 沉溺网聊，容易患上“网络综合征”

④ 网聊耗费时间和精力，是对青春资源的极大浪费

A. ①②③　　B. ②③④　　C. ①③④　　D. ①②③④

30. 青少年在碰到烦恼时，通常适宜的做法是（　）。

① 与父母交流；② 与老师交流；③ 生闷气；④ 写日记；⑤ 与好友交流；⑥ 抽烟喝酒；⑦ 玩网络游戏转换注意力；⑧ 适度的运动转换注意力。

A.①②③④　　B.⑤⑥⑦⑧　　C.①②④⑤⑧　　D.①②③⑤⑦

31. 下列不属于青少年学生对网络的正确利用的是（　）。

A. 把作业通过邮件发给老师，提高学习效率，增加互动

B. 根据自己的爱好兴趣，制作个人主页，在网上收集信息，学习知识

C. 与人交流探讨有关问题，拓宽知识面，提高能力

D. 玩网络游戏，与网友聊天

32. 以下哪种行为不属于青春期不良心理？（ ）

A. 认为自己非常了不起，别人都不行　　B. 喜欢和异性交往

C. 整天疑心重重、无中生有　　D. 没有主见，缺乏自信

33. 人们最初的性意识是广义的性意识，即性别意识，在（ ）就出现了。

A. 刚出生时　　B. 3岁左右　　C. 10岁左右　　D. 25岁左右

34.（ ）对性意识的发展起作用。

A. 社会意识　　B. 道德意识　　C. 自我意识　　D. 潜意识

35. 性意识的最初表现是（ ）。

A. 异性疏远　　B. 暂时疏远　　C. 异性接近　　D. 异性吸引

36. 青春期时对异性产生好奇是（ ）。

A. 变态　　B. 堕落　　C. 正常心理活动　　D. 犯罪

37. 青春期，当你对异性萌生爱意或当有人向你表示爱意或求爱时，不应有的做法是（ ）。

A. 立即表白，与之恋爱

B. 转移注意力，投入学习

C. 疏远彼此关系，冷却彼此激情

D. 与对方坦诚交谈，保持纯洁的、珍贵的友谊

38. 下列不属于青春期心理的表现特点的是（ ）。

A. 性好奇　　B. 性幻想　　C. 性吸引　　D. 性冲动

39. 性梦是指人在睡眠状态中所做的一切以（ ）为主或与性活动有关的梦。

A. 性别角色　　B. 性内容　　C. 恋爱　　D. 性意识

40. 青春期青少年注意力不应集中在哪方面？（ ）

A. 与异性相处　　B. 文化学习

C. 体育锻炼　　D. 有意义的课外活动

神秘的异性

41. 女性的第二性征不包括（ ）。

A. 喉结突出　B. 身高增长　C. 皮肤变细腻　D. 音调变高

42. 下面哪个部位不属于女性的第二性征描述的范围？（　）

A. 乳房　B.骨盆　C. 体格形态　D. 卵巢

43. 女性生殖器官由内、外生殖器两个部分组成，其中不属于内生殖器的是（　）。

A. 阴道　B. 子宫　C. 乳房　D. 卵巢和输卵管

44. 女性外生殖器不包括哪些？（　）

A. 阴阜　B. 阴道　C. 大小阴唇　D. 阴蒂

45. 卵巢的主要功能正确的是（　）。

A. 产生卵泡和分泌雌性激素　B. 产生卵泡和分泌生长激素

C. 分泌尿液和分泌雌性激素　D. 分泌尿液和分泌生长激素

46. 胎儿发育的主要场所是（　）。

A. 卵巢　B. 输卵管　C. 子宫　D. 睾丸

47. 女性月经是（　）。

A. 正常的生理现象　B. 身体疾病

C. 淫秽和低俗的行为　D. 受意志控制的行为

48. 女性月经是由于女性每月身体内部什么东西的剥落产生的？（　）

A. 阴道内膜　B. 子宫内膜　C. 卵巢内膜　D. 宫颈内膜

49. 女性乳房最主要的功能是（　）。

A. 第二性征的标志　B. 哺乳后代

C. 性器官　D. 体现女性美

50. 胎儿是从女性的下列哪个部位分娩的？（　）

A. 尿道　B. 阴道　C. 肛门　D. 肚脐

青春期与性

51. 在与异性的相处中，你认为应该（　）。

A. 男女有别，绝不往来　B. 时刻警惕，严肃拘谨

C. 举止端庄，以礼相待　D. 刻意卖弄，行为亲昵

52. 男女同学交往应该把握分寸，以下哪种行为是正确的？（　）

A. 过于拘谨，过于冷淡　B. 过分随便，过分亲昵

C. 过分卖弄，过分严肃　　D. 互相交流，互相交往

53. 青春期异性交往中基本的道德要求是（　）。

A. 互尊互爱、有礼有节　　B. 男女平等、尊重女性

C. 洁身自爱、避免性行为　　D. 行为随便、言语污秽

54. 以下哪项属于异性交往的禁忌？（　）

A. 学习交流　　B. 群体活动　　C. 举止亲昵　　D. 探讨时事

55. 下列哪种情况属于男女生交往中正常的交往界限？（　）

A. 陷入一对一的交往　　B. 双方交往过于频繁

C. 双方交往带有隐秘性　　D. 双方经常在群体活动中交往

56. 下列对人类性行为的认识正确的是（　）。

A. 只具有自然属性　　B. 只具有社会属性

C. 既具自然属性，又具社会属性　　D. 既非自然属性，又非社会属性

57. 青春期的少男少女容易产生恋爱冲动，下列不属于其原因的是（　）。

A. 感情处于稳定期　　B. 从众心理

C. 大众媒介的刺激　　D. “试一试”的心理

58. 早恋有可能引起的后果有？（　）

① 沉湎于幼稚的感情世界；② 沉湎于狭小的两人天地；③ 局限于自己的视野；④ 影响学业和今后的发展。

A. ②③　　B. ①④　　C. ③④　　D. ①②③④

59. 远离危险环境不包括（　）。

A. 远离不良信息　　B. 节制“网聊”、慎交网友

C. 上学放学与同学一起行动　　D. 拒绝性骚扰

60. 青少年处理异性的“要求”不应有的方式为（　）。

A. 无须为证明爱对方而“献身”　　B. 欣然接受

C. 委婉地拒绝　　D. 谨慎接受异性的约会

61. 学生要提高自我防卫意识，以下行为正确的是（　）。

A. 观看淫秽录像、抄阅黄色书刊　　B. 随意和网友会面

C. 谢绝陌生人的好意　　D. 与陌生人单独相处

62. 以下不属于受到性骚扰的是（　）。

A. 接到一封信，拆开一看，是黄色的照片和淫秽的描写

B. 在街上行走时，被异性无意碰了一下

C. 在拥挤的场合有被异性用身体、手或其他敏感部位碰、挤、触、拧自己身体的敏感部位

D. 异性故意在面前说污秽的脏话或艳史、风流事进行挑逗

63. 以下不属于青春期性犯罪常见类型的有（　）。

A. 侮辱、猥亵妇女　　B. 同性恋　　C. 性骚扰和强奸　　D. 淫乱和卖淫

64. 青少年预防性违法，应（　）。

① 学法、知法、懂法，增强法律意识；② 防止被卷入某种不健康的关系之中；③ 用正确的价值观和态度选择朋友；④ 及时发现并终止会给自己带来不良情绪和有害行为的伙伴关系。

A. ①②③④　　B. ①②④　　C. ②③　　D. ①③④

65. 以下哪种方式不会传播性病？（　）

A. 性接触　　B. 拥抱　　C. 哺乳　　D. 输血

66. 不属于性传播疾病的有（　）。

A. 宫颈癌　　B. 梅毒　　C. 尖锐湿疣　　D. 淋病

67. 艾滋病的英文缩写为“AIDS”，其医学全名是（　）。

A. 世纪杀手　　B. 全身免疫系统紊乱症

C. 体液癌症　　D. 获得性免疫缺陷综合征

68. 不是艾滋病传播途径的是（　）。

A. 性接触传播　　B. 血液传播　　C. 蚊子传播　　D. 母婴传播

69. 预防艾滋病时不恰当的做法是（　）。

A. 安全性行为：正确使用质量可靠的避孕套，洁身自爱，不在婚前婚外发生性行为

B. 远离毒品：不吸毒，尤其不与他人共用针具吸毒

C. 避免经血感染：提倡无偿献血，不输入被污染的血液

D. 远离艾滋病感染者和艾滋病患者，不与他们接触

70. 青少年不应该过早与异性发生性行为，当出现性行为时，有效的避孕方式一般有（ ）。

A. 有效使用避孕套　　B. 正确使用避孕药物

C. 安放节育环和避孕栓　　D. 结扎

二、案例分析题（共30分）

71. （5分）小明说自己越来越懒得和爸妈说话了！他们实在太唠叨了！他说，其实我也很努力地想让自己去了解他们，希望能站在他们的角度和立场来考虑问题，可总是不欢而散。其实看他们生气、难过，我也很后悔自己的行为，可好像又不能控制自己似的，下一次又会去顶撞他们，然后又很后悔。如此反复，弄得自己心里乱极了。

（1）你觉得小明这样的情况正常吗?

（2）请说出你的理由。

72. （10分）市区某中职学校的学生阿茂（化名）因过分沉迷于网络游戏，升上初中后不到半个学期就患上了精神分裂症，其父母不得不为他办理休学手续，带着他四处求医。阿茂一天到晚走神，经常自言自语；性格孤僻，喜欢玩电脑游戏，不喜欢与人沟通；情绪变化无常……尽管阿茂休学已有一年多的时间，但其在校期间的种种怪异言行，不少老师和同学至今仍然印象深刻，对其因过分沉迷网络游戏而导致精神分裂，更是表示可惜。

（1）阿茂的案例告诉我们，沉迷网络会带来哪些危害？

（2）试从家庭、学校和社会的角度谈谈如何避免青少年学生陷入网络泥潭。

73.（10分）高一年级某班同学地理课野外实习考察，全班同学来到一个两米多高的坡地。几位男同学打赌，谁敢从这儿跳下去。这时，在众多异性同学关注的目光中，站出来一位想表现自己大无畏精神的“勇士”。他二话没说，双脚一并，顷刻间跳了下去。结果，腿部骨折，“勇士”没当成，倒成了一位“伤兵”，只好由同学背到医院治伤。

（1）你觉得该同学为什么会这样做呢？

（2）你是否赞同呢？

（3）你觉得怎样做更合理？

74.（5分）“我是一名17岁的高一男生，爱参加体育活动，还经常获奖，由此形成独来独往的性格，有点儿孤僻。经常莫名其妙地勃起，一次无意中用手摩擦了几下，有种飘飘欲仙的快乐，并有白色的液体流出，事后心跳很快，全身出一身汗，虽气喘但又很满足。后来我就有意识地去做，简直无法自控（隔一周就很想做一次）。有时恨自己像野兽，瞧不起自己，觉得自己很坏、很下流。从原来的不愿与人接触变得不敢正视别人的目光，从不敢与他人接触到连门都不敢出，饿了就啃几块饼干，上课精力无法集中，学习成绩也直线下滑。我感到实在无法自拔，害怕这件事影响我的学习和身体，我真不知如何是好？”

试给出你的意见和建议。

青春期健康知识竞赛答题卡（男生卷）

一、选择题（每小题1分，共70分。每小题只有一项符合题目要求）

题序	1	2	3	4	5	6	7	8	9	10	11	12	13	14	15
答案															
题序	16	17	18	19	20	21	22	23	24	25	26	27	28	29	30
答案															
题序	31	32	33	34	35	36	37	38	39	40	41	42	43	44	45
答案															

续表

题序	46	47	48	49	50	51	52	53	54	55	56	57	58	59	60
答案															
题序	61	62	63	64	65	66	67	68	69	70					
答案															

二、案例分析题（共30分）

71.（5分）

（1）

（2）

72.（10分）

（1）

（2）

73.（10分）

（1）

（2）

（3）

74.（5分）

参考答案（男生卷）

题序	1	2	3	4	5	6	7	8	9	10	11	12	13	14	15
答案	A	C	C	B	B	C	A	B	C	B	D	B	A	C	A
题序	16	17	18	19	20	21	22	23	24	25	26	27	28	29	30
答案	D	C	B	A	B	A	D	C	C	D	D	A	B	D	C
题序	31	32	33	34	35	36	37	38	39	40	41	42	43	44	45
答案	D	B	B	A	A	C	A	D	B	A	A	D	C	B	A
题序	46	47	48	49	50	51	52	53	54	55	56	57	58	59	60
答案	C	A	B	B	B	C	D	B	C	D	C	A	D	C	B
题序	61	62	63	64	65	66	67	68	69	70					
答案	C	B	B	A	B	A	D	C	D	D					

71.

（1）正常。

（2）因为青春期自我意识觉醒的一个显著特点就是独立性有较大发展，有很强烈的“成人感”。小明的这些行为其实是向大人告知自己独立的需求，是典型的“道德感”与“成人感”之间产生冲突的矛盾心理。

72.

（1）a. 危害身体；

b. 影响学习；

c. 影响家庭，影响集体。

（2）a. 家庭：父母要营造温暖的家庭环境，关爱孩子，多与孩子沟通、交流；

b. 学校：学校必须用丰富多彩的校园生活吸引学生，鼓励他们参加兴趣小组和社会实践，丰富他们的精神生活；

c. 社会：净化上网环境，加强对网络游戏与网吧的管理。

73.

（1）他想在异性面前表现自己，赢得异性同学对自己的青睐和好感，在异性面前显示自己特有的魅力。

（2）在异性面前爱表现自己，是青春期男女正常的心理和行为，但是他的这种方式不可取，应该把这种表现欲用积极合理的方式表达出来。

（3）比如可以在学习成绩上互相竞争，力争自己是同学里面的佼佼者；在体育锻炼中显示自己的竞争力，常常在运动会上为集体争得荣誉；或者在某种演讲会上用于登台亮相，成为众人注视的目标，等等。总之，要以理智的头脑来加以思量，审时度势，选择适当的举动表现自己。

74.

手淫是性交前的预演，是正常的生理现象。这位男同学由无意中体验到性的快感并开始手淫（顺便说一句他的手淫频率还是很正常的），传统性观念上的保守、消极，使得他充满自责、内疚、罪恶感。对身体快感的自然需求与道德谴责的矛盾使他产生了严重的内心冲突，最后到了害怕见人的地步，实在是令人同情。解决的办法也简单，正视这一事实，不要再自责，只要频率不是太高，不必担心它会影响

学习和身体，因为手淫绝不会造成性功能的失调或是什么障碍，更谈不上“不道德”或者“下流”。他在信中讲到的都是性反应中的正常现象，如快感、呼吸加快、出汗，等等，此种手对阴茎的刺激也是很常见的自我刺激方式，尤其在少年和儿童时期多见。

青春期健康知识竞赛试题（女生卷）

（时间：120分钟；总分：100分）

一、选择题（每小题1分，共70分。每小题只有一项符合题目要求）

总论

1. 我们生命的起点是（　）。

A. 受精卵　　B. 精子　　C. 卵细胞　　D. 婴儿

2. 一般的，人的孕期需要几个月的时间？（　）

A. 8个月　　B. 9个月　　C. 10个月　　D. 11个月

3. 人体生长发育可分多个阶段，其最后阶段是在（　）。

A. 幼儿期　　B. 童年期　　C. 青春期　　D. 青年期

4. 青春期的年龄在国际上界定为10～20岁，我国习惯把（　）岁称为青春期？

A. 10～18　　B. 11～18　　C. 12～18　　D. 13～18

5. 第一性征又称主性征，在出生时就基本完备了，它是指（　）。

A. 两性外形上的差异

B. 两性生殖器官的差异

C. 除生殖器官外，两性在性别上特有的差异（如长胡须、乳腺发育等）

D. 两性在个子高矮上的差异

6. 第二性征又称副性征，要在进入青春期后才出现，它是指（　）。

A. 两性外形上的差异

B. 两性生殖器官的差异

C. 除生殖器官外，两性在性别上特有的差异（如长胡须、乳腺发育等）

D. 两性在个子高矮上的差异

7. 下列对青春期特点的叙述中，不正确的是（　）。

A. 是指神经系统开始发育的阶段

B. 是指生殖器官开始发育到成熟的阶段

C. 是指人体形态和功能显著变化的阶段

D. 是童年到成年的过渡阶段

青春期生理

8. 女孩青春期发育比男孩青春期发育出现（　）。

A. 早些　B. 迟些　C. 几乎同时

9. 女性的第二性征不包括（　）。

A. 喉结突出　B. 身高增长　C. 皮肤变细腻　D. 音调变高

10. 下面哪个部位不属于女性第二性征的描述范围？（　）

A. 乳房　B. 骨盆　C. 体格形态　D. 卵巢

11. 女性生殖器官由内、外生殖器两个部分组成，其中不属于内生殖器的是（　）。

A. 阴道　B. 子宫　C. 乳房　D. 卵巢和输卵管

12. 女性外生殖器不包括哪些？（　）

A. 阴阜　B. 阴道　C. 大小阴唇　D. 阴蒂

13. 卵巢的主要功能正确的是？（　）

A. 产生卵泡和分泌雌性激素　B. 产生卵泡和分泌生长激素

C. 分泌尿液和分泌雌性激素　D. 分泌尿液和分泌生长激素

14. 女性“月经初潮”意味着什么？（　）

A. 女性性器官开始成熟　B. 女性性器官已经成熟

C. 性器官患有疾病　D. 其他

15. 女性月经是（　）。

A. 正常的生理现象　B. 身体疾病

C. 不良意念的结果　D. 受意志控制的行为

16. 女性月经是由于女性每月身体内部什么东西的剥落产生的？（　）

A. 阴道内膜　B. 子宫内膜　C. 卵巢内膜　D. 宫颈内膜

17. 女性在月经期应注意以下哪几点？（　）

① 避免疲劳，不宜吃生冷、酸辣、酒类等刺激性食物；② 不可以参加任何体育运动；③ 应注意外生殖器的清洁，经期不宜盆浴，可以淋浴；④ 多饮开水；⑤ 用了卫生棉条可以游泳。

A. ①②③④⑤　　B. ②③④⑤　　C. ①③④　　D. ①③④⑤

18. 女性经常穿牛仔裤，会导致女性阴道环境的改变，不利健康，你知道女性阴道本身是什么环境，从而能抵抗细菌的入侵呢？（　）

A. 中性　　B. 碱性　　C. 酸性　　D. 强酸性

19. 女性乳房最主要的功能是什么？（　）

A. 第二性征的标志　　B. 哺乳后代　　C. 性器官　　D. 体现女性美

20. 青春期如何正确地护理自己的乳房，以下哪几项是正确的？（　）

①戴很紧的乳罩，将乳房紧紧地裹在里面；②避免一切外来伤害；③不要过早地戴上乳罩；

④当乳房发育到超过一只茶杯盖大小时就要养成戴乳罩的习惯；

⑤乳房正常发育的高峰时，特别要注意保持饮食、休息和运动三个方面的平衡；

⑥出现乳房疼痛、肿块时，可以告诉妈妈，并让妈妈带着去看医生。

A. ①②⑤⑥　　B. ②③④⑤　　C. ①③④⑥　　D. ②④⑤⑥

21. 女性排卵时间大约在什么时候？（　）

A. 月经后的头两天　　B. 月经前两天

C. 下次月经开始前的第4 ~ 6天　　D. 下次月经开始前第14 ~ 16天

22. 青春期常见的一种慢性毛囊皮脂腺炎症俗称“青春痘”，在医学上我们称为（　）。

A. 慢性皮炎　　B. 过敏性丘疹　　C. 痔疮　　D. 痤疮

23. 下列不是导致青春痘出现的原因为（　）。

A. 焦虑、压力和睡眠不足引起内分泌改变

B. 面部皮肤毛囊发炎

C. 家族遗传

D. 在性激素的作用下导致皮肤分泌油脂增多

24. “青春痘”的自我护理方法错误的是？（ ）

A. 加强皮肤护理

B. 出现“青春痘”要及时用手去抠、挤，以尽早清除

C. 痤疮局部发生感染后，用四环素或红霉素软膏可很快消除

D. 要注意饮食卫生，不抽烟，不喝酒

25. 下列哪些是正确的青春期性保健？（ ）

① 不适于穿过紧的牛仔裤；② 每天睡前清洗外阴有利健康；

③ 要养成良好的生活习惯，不抽烟、不喝酒、不熬夜；④ 频繁手淫。

A. ①②③　　B. ②③④　　C. ①②④　　D. ①③④

26. 过度或频繁手淫会引起下面哪些不良表现？（ ）

① 性格孤僻；② 意志薄弱；③ 记忆力减退；④ 神经衰弱。

A. ①②③　　B. ①②④　　C. ②③④　　D. ①②③④

27. 青春期生长发育处于第二个高峰期时营养物质的需求应是（ ）。

A. 多吃饭，少吃菜　　B. 食物要多样化，不偏食，不挑食

C. 不吃肉、多吃菜　　D. 少吃饭，多吃水果

青春期心理

28. 青春期心理以两大觉醒为标志，即（ ）的觉醒和性意识的觉醒。

A. 社会意识　　B. 道德意识　　C. 自我意识　　D. 学习意识

29. 青春期以（ ）觉醒为人格发展标志。

A. 社会意识　　B. 道德意识　　C. 自我意识　　D. 性意识

30. 青春期以（ ）的觉醒为走向成年的象征。

A. 社会意识　　B. 道德意识　　C. 自我意识　　D. 性意识

31. 自我意识觉醒的显著特点不包括（ ）。

A. 关心自己的外在形象　　B. 强烈的“成人感”

C. 关注自己的内心世界　　D. 更加依赖父母

32. 青春期会碰到一些心理和生理上的疑惑，不宜通过以下哪种方式去解惑？（ ）

A. 低俗刊物和网站　　B. 与老师交流

C. 与父母交流　　D. 科普读物

33. 青少年要远离不良信息应自觉做到（　）。

① 不看黄色书刊或录像；② 不听歪门邪道的性故事；③ 开一些有关性的低级玩笑；④ 不做越轨的事。

A. ①②③　　B. ①②④　　C. ①③④　　D. ②③④

34. 青少年需节制“网聊”、慎交网友是因为（　）。

① 网络世界具有虚拟性的特点，聊天的双方很难获得真实的了解

② 部分青少年缺少社会经验和自我保护意识

③ 沉溺网聊，容易患上“网络综合征”

④ 网聊耗费时间和精力，是对青春资源的极大浪费

A. ①②③　　B. ②③④　　C. ①③④　　D. ①②③④

35. 青少年在碰到烦恼时，通常适宜的做法是（　）。

① 与父母交流；② 与老师交流；③ 生闷气；④ 写日记；⑤ 与好友交流；⑥ 抽烟，喝酒；⑦ 玩网络游戏转换注意力；⑧适度的运动转换注意力。

A. ①②③④　　B. ⑤⑥⑦⑧　　C. ①②④⑤⑧　　D. ①②③⑤⑦

36. 下列不属于青少年学生对网络的正确利用的是？（　）

A. 把作业通过邮件发给老师，提高学习效率，增加互动

B. 根据自己的爱好兴趣，制作个人主页，在网上收集信息，学习知识

C. 与人交流探讨有关问题，拓宽知识面，提高能力

D. 玩网络游戏，与网友聊天

37. 以下哪种行为不属于青春期不良心理？（　）

A. 认为自己非常了不起，别人都不行。　　B. 喜欢和异性交往。

C. 整天疑心重重，无中生有。　　D. 没有主见，缺乏自信。

38. 人们最初的性意识是广义的性意识，即性别意识，在（　）就出现了。

A. 刚出生时　　B. 3岁左右　　C. 10岁左右　　D. 25岁左右

39.（　）对性意识的发展起作用。

A. 社会意识　　B. 道德意识　　C. 自我意识　　D. 潜意识

40. 性意识的最初表现是（　）。

A. 异性疏远　　B. 暂时疏远　　C. 异性接近　　D. 异性吸引

41. 青春期时对异性产生好奇是（ ）。

A. 变态　　B. 堕落　　C. 正常心理活动　　D. 犯罪

42. 青春期，当你对异性萌生爱意或当有人向你表示爱意或求爱时，不应有的做法是（ ）。

A. 立即表白，与之恋爱

B. 转移注意力，投入学习

C. 疏远彼此关系，冷却彼此激情

D. 与对方坦诚交谈，保持纯洁的、珍贵的友谊

43. 下列不属于青春期心理的表现特点的是（ ）。

A. 性好奇　　B. 性幻想　　C. 性吸引　　D. 性冲动

44. 性梦是指人在睡眠状态中所做的一切以（ ）为主或与性活动有关的梦。

A. 性别角色　　B. 性内容　　C. 恋爱　　D. 性意识

45. 青春期青少年注意力不应集中在哪方面？（ ）

A. 与异性相处　　B. 文化学习

C. 体育锻炼　　D. 有意义的课外活动

神秘的异性

46. 下面哪个部位不属于男性第二性征的描述范围？（ ）

A. 喉结　　B. 阴茎　　C. 胡须　　D. 肌肉

47. 男性生殖器官由内、外生殖器两个部分组成，其中内生殖器不包括（ ）。

A. 睾丸　　B. 输精管

C. 附属腺（如前列腺）　　D. 阴囊

48. 男性外生殖器官包括（ ）。

A. 阴茎和睾丸　　B. 阴茎和阴囊　　C. 排精管道　　D. 附睾

49. 睾丸的主要功能是哪两个？（ ）

A. 产生精子和分泌雄性激素　　B. 产生精子和分泌生长激素

C. 分泌尿液和分泌雄性激素　　D. 分泌尿液和分泌生长激素

50. 男性遗精是（ ）。

A. 正常的生理现象　　B. 身体疾病

C. 无耻行为　　D. 受意志控制的行为

青春期与性

51. 在与异性的相处中，你认为应该（　）。

A. 男女有别，绝不往来　　B. 时刻警惕，严肃拘谨

C. 举止端庄，以礼相待　　D. 刻意卖弄，行为亲昵

52. 男女同学交往应该把握分寸，以下哪种行为是正确的？（　）

A. 过于拘谨，过于冷淡　　B. 过分随便，过分亲昵

C. 过分卖弄，过分严肃　　D. 互相交流，互相交往

53. 青春期异性交往中基本的道德要求是（　）。

A. 互尊互爱、有礼有节　　B. 男女平等、尊重女性

C. 洁身自爱、避免性行为　　D. 行为随便、言语污秽

54. 以下哪项属于异性交往的禁忌？（　）

A. 学习交流　　B. 群体活动　　C. 举止亲昵　　D. 探讨时事

55. 下列哪种情况属于男女生交往中正常的交往界限（　）。

A. 陷入一对一的交往　　B. 双方交往过于频繁

C. 双方交往带有隐秘性　　D. 双方经常在群体活动中交往

56. 下列对人类性行为的认识正确的是（　）。

A. 只具有自然属性　　B. 只具有社会属性

C. 既具自然属性，又具社会属性　　D. 既非自然属性，又非社会属性

57. 青春期的少男少女容易产生恋爱冲动，下列不属于其原因的是（　）。

A. 感情处于稳定期　　B. 从众心理

C. 大众媒介的刺激　　D. “试一试”的心理

58. 早恋有可能引起的后果有？（　）

① 沉湎于幼稚的感情世界；② 沉湎于狭小的两人天地；③ 局限于自己的视野；④ 影响学业和今后的发展。

A. ②③　　B. ①④　　C. ③④　　D. ①②③④

59. 远离危险环境不包括（　）。

A. 远离不良信息　　B. 节制“网聊”、慎交网友

C. 上学放学与同学一起行动　　　　D. 拒绝性骚扰

60. 青少年处理异性的“要求”不应有的方式为（　）。

A. 无须为证明爱对方而“献身”　　　　B. 欣然接受

C. 委婉地拒绝　　　　D. 谨慎接受异性的约会

61. 学生要提高自我防卫意识，以下正确的行为是（　）。

A. 观看淫秽录像、抄阅黄色书刊　　　　B. 随意和网友会面

C. 谢绝陌生人的好意　　　　D. 与陌生人单独相处

62. 以下不属于受到性骚扰的是（　）。

A. 接到一封信，拆开一看，是黄色的照片和淫秽的描写

B. 在街上行走时，被异性无意碰了一下

C. 在拥挤的场合有被异性用身体、手或其他敏感部位碰、挤、触、拧自己身体的敏感部位

D. 异性故意在面前说污秽的脏话或艳史、风流事进行挑逗

63. 以下不属于青春期性犯罪常见类型的有（　）。

A. 侮辱、猥亵妇女　　　　B. 同性恋

C. 性骚扰和强奸　　　　D. 淫乱和卖淫

64. 青少年预防性违法，应（　）。

① 学法、知法、懂法，增强法律意识；② 防止被卷入某种不健康的关系之中；③ 用正确的价值观和态度选择朋友；④ 及时发现并终止会给自己带来不良情绪和有害行为的伙伴关系。

A. ①②③④　　B. ①②④　　C. ②③　　D. ①③④

65. 以下哪种方式不会传播性病？（　）

A. 性接触　　B. 拥抱　　C. 哺乳　　D. 输血

66. 不属于性传播疾病的有（　）。

A. 宫颈癌　　B. 梅毒　　C. 尖锐湿疣　　D. 淋病

67. 艾滋病的英文缩写为“AIDS”，其医学全名是（　）。

A. 世纪杀手　　　　B. 全身免疫系统紊乱症

C. 体液癌症　　　　D. 获得性免疫缺陷综合征

68. 不是艾滋病传播途径的是（　）。

A. 性接触传播　　B. 血液传播　　C. 蚊子传播　　D. 母婴传播

69. 预防艾滋病时不恰当的做法是（　）。

A. 安全性行为：正确使用质量可靠的避孕套，洁身自爱，不在婚前婚外发生性行为

B. 远离毒品：不吸毒，尤其不与他人共用针具吸毒

C. 避免经血感染：提倡无偿献血，不输入被污染的血液

D. 远离艾滋病感染者和艾滋病患者，不与他们接触

70. 青少年不应该过早与异性发生性行为，当出现性行为时，有效的避孕手段一般有（　）。

A. 有效使用避孕套　　B. 正确使用避孕药物

C. 安放节育环和避孕栓　　D. 结扎

二、案例分析题（共30分）

71.（5分）小明说自己越来越懒得和爸妈说话了！他们实在太唠叨了！他说，其实我也很努力地想让自己去了解他们，希望能站在他们的角度和立场来考虑问题，可总是不欢而散。其实看他们生气、难过，我也很后悔自己的行为，可好像又不能控制自己似的，下一次又会去顶撞他们，然后又很后悔。如此反复，弄得自己心里乱极了。

（1）你觉得小明这样的情况正常吗?

（2）请说出你的理由。

72.（10分）市区某中职学校的学生阿茂（化名）因过分沉迷于网络游戏，升上初中后不到半个学期就患上了精神分裂症，其父母不得不为他办理休学手续，带着

他四处求医。阿茂一天到晚走神，经常自言自语；性格孤僻，喜欢玩电脑游戏，不喜欢与人沟通；情绪变化无常……尽管阿茂休学已有一年多的时间，但其在校期间的种种怪异言行，不少老师和同学至今仍然印象深刻，对其因过分沉迷网络游戏而导致精神分裂，更是表示可惜。

（1）阿茂的案例告诉我们，沉迷网络会带来哪些危害？

（2）试从家庭、学校和社会的角度谈谈如何避免青少年学生陷入网络泥潭。

73.（10分）小玲是一个漂亮的女孩。在学校里，有很多的男同学对她都很“关注”。有一位高年级的男生竟给她写了封“求爱信”，向她表白自己的爱慕之情，并提出让小玲送他一张照片，还说周末的时候会在校门口等她，直到等到她为止。小玲因为此事非常烦恼，又感到非常害怕，因为她根本不知道对方是个什么样的人，也不敢单独去会见他，最主要的是自己目前并不想恋爱，但又不知道如果自己不去的话，那位学生以后会对自己怎么样。小玲该怎样处理这件事更合适呢？

74.（5分）“我是一名17岁的高一女生，爱参加体育活动，并经常获奖，由此形成独来独往的性格，有点儿孤僻。宁愿在花前树下自己欣赏大自然的美，也不愿与人闲侃。我的问题出在锻炼时，每当平躺抬高双腿、两腿尽力分开又交叉合拢时，阴部总有一种来电的感觉，只有用手抓住阴部使劲挤压才能控制住那种发急的情绪，事后往往心跳很快，全身出一身汗，虽气喘但又很满足。以前我尽量避免做这节操，但这两个月我有意识地去做，简直无法自控（隔一周就很想做一次）。有时恨自己像野兽，瞧不起自己，觉得自己很坏、很下流。最近我竟将手指伸进阴道。我越发恨自己，从原来的不愿与人接触变得不敢正视别人的目光，从不敢与他人接触到连门都不敢出，饿了就啃几块饼干。上课集中不了精力，学习成绩也直线下滑。我感到实在无法自拔，害怕这件事影响我的声誉、学习和将来的婚姻，不知该如何是好？”

试给出你的意见和建议。

青春期健康知识竞赛答题卡（女生卷）

一、选择题（每小题1分，共70分。每小题只有一项符合题目要求）

题序	1	2	3	4	5	6	7	8	9	10	11	12	13	14	15
答案															
题序	16	17	18	19	20	21	22	23	24	25	26	27	28	29	30
答案															
题序	31	32	33	34	35	36	37	38	39	40	41	42	43	44	45

续表

答案															
题序	46	47	48	49	50	51	52	53	54	55	56	57	58	59	60
答案															
题序	61	62	63	64	65	66	67	68	69	70					
答案															

二、案例分析题（共30分）

71.（5分）

（1）

（2）

72.（10分）

（1）

（2）

73.（10分）

74.（5分）

参考答案（女生卷）

题序	1	2	3	4	5	6	7	8	9	10	11	12	13	14	15
答案	A	C	C	B	B	C	A	A	A	D	C	B	A	B	A
题序	16	17	18	19	20	21	22	23	24	25	26	27	28	29	30
答案	B	C	C	B	D	D	D	C	B	A	D	B	C	C	D
题序	31	32	33	34	35	36	37	38	39	40	41	42	43	44	45
答案	D	A	B	D	C	D	B	B	A	A	C	A	D	B	A
题序	46	47	48	49	50	51	52	53	54	55	56	57	58	59	60
答案	B	D	B	A	A	C	D	B	C	D	C	A	D	C	B
题序	61	62	63	64	65	66	67	68	69	70					
答案	C	B	B	A	B	A	D	C	D	D					

71.（1）正常。

（2）因为青春期自我意识觉醒的一个显著特点就是独立性有较大发展，有很强烈的“成人感”。小明的这些行为其实是向大人告知自己独立的需求，是典型的“道德感”与“成人感”之间产生冲突的矛盾心理。

72.

（1）a. 危害身体；

b. 影响学习；

c. 影响家庭，影响集体。

（2）a. 家庭：父母要营造温暖的家庭环境，关爱孩子，多与孩子沟通、交流；

b. 学校：学校必须用丰富多彩的校园生活吸引学生，鼓励他们参加兴趣小组和社会实践，丰富他们的精神生活；

c. 社会：净化上网环境，加强对网络游戏与网吧的管理。

73. 在高中生中，有的学生可能会遇到被异性喜欢和爱慕的现象，对于这种感情的处理是需要进行引导的。引导得当，双方就可以正常地生活；引导不当，多半会使其中一方或双方的自尊心受到伤害，影响其心理的健康发展。辅导可以从以下几方面着手：

（1）不可盲目接受。

（2）态度要明确、果断。

（3）拒绝时措辞要委婉。

（4）学会保护自己。

74. 有关于女性手淫问题往往更容易受到忽视，其实女性也有手淫，手淫可以使她们认清自己的身体，如生殖器和外阴的构造、功能、性敏感区、有效性刺激手段、性反应与性高潮，等等。总之，手淫是性交前的预演，是正常的生理现象。但由于女性的性观念更加保守、消极，所以女孩往往较少谈起手淫或很少尝试手淫。像这位女同学虽然自己无意中体验到性的快感并开始手淫，但自责、内疚、罪恶感压得她喘不过气来。对身体快感的自然需求与道德谴责的矛盾使她产生了严重的内心冲突，最后到了害怕见人的地步，实在是令人同情。解决的办法也简单，正视这一事实，不要再自责，也不必担心它会影响今后的恋爱与婚姻，因为手淫绝不会造成性功能的失调或是什么障碍。更谈不上“不道德”或者“下流”。她在信中讲到的都是性反应中的正常现象，如快感、呼吸加快、出汗，等等，此种夹腿对阴蒂的刺激也是很常见的自我刺激方式，尤其在少年和儿童时期较为多见。